奥行きをなくした顔の時代

―イメージ化する身体、コスメ・自撮り・SNS―

米澤泉
馬場伸彦

晃洋書房

はじめに ――実在的なものと潜在的なものが共存する時代――

想像上のものと現実に実在するもの。両者における存在論的な区別がいっそう難しくなってきたのではないか。

インスタグラムにアップロードされた〝映え〟写真、アニメ映画の背景画のようなＨＤＲ（ハイダイナミックレンジ）技術を利用した風景写真、複数のレンズで遠近を偽装するスマートフォンの画像、加工アプリで均質化された自撮りの顔、ＡＩが絶え間なく生成するアイドルの顔、ビデオ会議システムＺｏｏｍの画面にタイル状に並んだイメージ化された身体……。

今やパソコンやスマートフォンのモニターには、まるで可視のものと不可視のものとを関係づけて形にしたような表象、つまり「潜在的なもの」が溢れかえっている。仮想的に構成された視覚が際限なく増殖しているのはなぜだろうか。たとえば顔が表層的な記号の交換に終始し、社会的な関係に支えられた奥行きや厚みを失ったとき、その先に何が見えるのだろうか。

２０２０年、感染拡大を続ける新型コロナウィルスへの対策として、企業ではテレワークを導入してワークスペースの分離化を図り、教育機関ではビデオ会議システムを活用したオンライン授業へと切り替えた。唾液などによる飛沫を主因とするウィルス感染には、可能な限り物理的、身体的な接触を避けることが肝心とされ、そうした物理的な距離を取る試みは感染拡大の抑制に一定の効果があったように思われる。その反面、テレワークにしてもオンライン授業にしても、緊急性を優先した拙速な導入であったためか、準備不足による混乱やコミュニケーション不全が生じた事例も数多く報告された。

一般的にビデオ会議とは、離れた場所にいる人と人をライブ映像で結び、リアルタイムに会話できるようにした遠隔会議システムをいう。対面によるリアルな会議を招集する場合に比べて時間や場所を選ばないために、スケジュール調整の手間を大幅に軽減できるというメリットもある。だが、実際にオンライン授業や会議にビデオ会議システムを導入してみると、双方向的なコミュニケーションに関していえば、メリットよりもデメリットの方が目についた感がある。たとえば、参加する人数が多い会議では誰が発言しているのか分かりづらく、また聴いている他の参加者の反応も伝わりにくいために、時間と空間を共有しているという臨場感に欠ける。発言者はまるで壁に向かって話しているような気持ちになり、共感や異論が確認しづらいため、会議の進行を不安にさせたのである。

このことは、コミュニケーションを円滑に機能させるには、言語や視覚情報だけでは不十分であることを改めて認識させた。簡単に言ってしまえば、ヴァーチャルな仮想的空間でのやりとりに私たちはあまりにも不慣れなのだ。パソコンやタブレットのディスプレイにタイル状に浮かび上がった参加者の「顔」は表情の変化を確認しづらく、さらに、トルソのようにバストアップと化した（ウェブカメラの位置関係によって規定されたものだが）均質的な身体には、手振り身振りといったノンバーバルな言語性が欠落する。ディスプレイ上に浮かんだ「顔」からは、解読すべき記号性を見つけることが困難となったのだ。比喩的な言い方をすれば、「顔に書いてある」という対人関係における記号表現が絶縁され、お互い「顔色をうかがう」ことが難しく、一方通行的な情報の伝達に終始せざるを得ないのである。

パソコンの画面に「顔を出す」ことの意味は、時間と空間のリアルタイム性を共有することにある。私たちの身体イメージは、ディスプレイ＝「ウィンドウ」という疑似空間に平面化して共存する。「顔」を中心に断片化した身体は「フレーム」に切り取られた平面画像となってあらわれる。テレプレゼンス（遠隔地の人に対して距離を感じさせることなく会話や視聴などを可能にする仕組み）を介してあらわれたこうした身体は、経験的世界に「生きられた身体」とは異なる情報化されたイメージなのだ。そこにあるのは「奥行きのない顔」なのである。

こうした情報化された身体イメージは、それ自体が、生きられた身体を模倣した「ヴァーチャルな身体」と言えよう。それは通信ネットワークを介した画像生成システムによるシミュレーションと言い換えてもよい。

ネットワークを通じて対面している他者の身体は、よくできた再現画像にすぎない。だから、ひとたび映像の遅延やフリーズが起きると、もどかしさや苛立ちを覚えるばかりか、「ここではないどこか」の空間に共存する臨場感やリアリティに亀裂が生じて、途端に白けてしまう。ネット配信された映画を観て物語空間に没入しているときに不意に起きた映像の乱れのように、それが現実ではなくディスプレイに浮かんだ限りなく薄い「皮膜」であることを思い知らされるのである。そうした場合、現実の空間とは違って、リアリティの不安定さを補う手段がないのだ。

ヴァーチャルな空間は、物理的な支持体、あるいはリアルな身体を基底としながらも、その上で、一時的に「そこの外」に生成する現実補完的な「場」である。しかし、私たちの思い違いは、それがあたかも現実（リアル）の代用的な「場」だと都合良く解読したことにあった。現実の会議と同じような環境をオンライン上でもつくるべきだと解釈し、そのリアルな「場」の再現に期待したのである。

デジタル・イメージは、現実との対照性を問われることなく、モニター画面から直接的に現れる。それは厳密な意味において「現実＝リアル」ではないが、「現実のようなふり」をして私たちと関係を結ぼうとする。これらの現象をあらわす言葉として、現時点においては、「ヴァーチャル」という概念で括ってみることが適当であろう。そもそも「ヴァーチャル」という語は、ラテン語の virtualis（ウィルトリアス）に由来し、可能的に「潜在するもの」という意味である。ヘッドマウントディスプレーを装着して仮想空間に遊ぶことだけが「ヴァーチャル」ではない。また「ヴァーチャル・リアリティ」がサイバーパンク小説やSF映画の専売特許というわけではない。「ヴァーチャル」とは、ごく単純に言ってしまえば、人工的に操作された現実感のことであり、デジタル・テクノロジーによって出現した仮想的だが本来は潜在的である視覚／触覚空間のことをいうのである。

しかし、現実＝リアルそのものが、別個に存在するわけではない。生きられた一つの有限な身体に規定される限りにおいて、現実はつねに個別で、一元的でしかない。それゆえ写真は真実を映し出すもの、証拠たり得るものとされてきたのだ。だが、実在的なものの類似像がデジタル・テクノロジーを介して操作されて再生産されるのであれば、もはや一つの身体という準拠枠の意味はなくなる。

記号がオリジナルなものから切り離されたように、ヴァーチャル化した視覚／触覚空間では、主体は状況に位置づけられた現実＝リアルから切り離されていく。その結果、一人称であった「私」は複数の人称を得て、多元化した世界のどこかに「私」を虚構化し、偏在させるのだ。

フランスの哲学者ピエール・レヴィは、「ヴァーチャルとは可能的に存在するものであって、現実に存在するものではない」と述べている。「ヴァーチャルなものは、アクチュアル化されることを目指しているが、それは実効的な、あるいは形相的な具体化という状態に置かれることはない」（レヴィ 2006：2-3）とレヴィは主張する。

想像し、解釈することによって立ち現れることを含めて「ヴァーチャル」とするのであれば、その定義の幅はもっと広げても然るべきだろう。たとえば、私たちは実際の火星の表面を見ることはできないが、惑星探査機から送られた電子映像を見ることによって火星の表面を「見た」かのような気持ちになる。ザヴィエ・バラルが編集した写真集『MARS』(青幻社 2013年)には、NASA火星探査機の高解像度カメラがとらえた火星の複雑で起伏に富んだ地表の画像が収録されているが、それが火星の表面であると即座に理解できるのは、私たちがすでに想像していた火星と類似していること、つまりSF映画や図鑑などで観た火星の風景と似ていると判断できたからだ。あらかじめ火星の表面を「情報」として知っているからこそ、それは現実=リアルとしてアクチュアル化されるのである。

このことはまた、映像から得られる現実感が、「現実=リアル」のアナロジーの範囲に限定されることを意味する。ネス湖の恐竜の写真の真偽が科学的に証明されていなくても、真実らしくみせる写真の強力な視覚効果によって、その画像が指示する対象の「もっともらしさ」に説得されるようにである。ヴァーチャルなものは、それが現前していないにもかかわらず、観察する者に対して「そこにある」と感じさせてしまう。その意味において仮想的な視覚/触覚世界は現実世界のシミュレーションというよりも、想像可能な世界のヴァリエーションなのだ。「創造的なアナロジーは予期せぬ強力な洞察を見かけ上の非対称な関係にもたらし、つくりだされようとする前には文字通り存在さえしなかった調和的な照応を発明する」(スタフォード 2004:223)とバーバラ・M・スタフォードがいうように、世界は、見たものによって制作されるのではなく、想像の上に築かれたアナロジーによって多層化され作られるのである。現実との対照性を欠き、さらに事後での画像加工が容易であるデジタル・イメージは、最も身近なヴァーチャル化の典型例であろう。デジタル・イメージの可塑性は、表象と見る者との間に確立された文化的意味を変容させ、被写体の存在論的な安定した地位を奪っていく。

こうしたことはインスタグラムなどのソーシャルメディアにアップされた画像を見ても明らかだ。『GIRL'S PHOTO いいね！と言われる写真テク』（2014年）、『「暮らし」を撮る大人のインスタグラム』（2016年）、『HDR　写真の魔法のかけ方レシピ』（2014年）など、インスタグラムを上手に撮るための指南本には、写真をおしゃれに偽装するためのテクニックが丁寧に紹介されている。また、新海誠アニメ映画の美しく印象的な背景を再現したかのような、『アニメのワンシーンのように。Akine Coco 写真集』（2021年）といった写真集まで出版されている。これらは世界をヴァーチャル化する教科書と言えるのではないか。ここでは、現実の風景をカメラで撮りながらも、そこに眼差される風景はすでに放映されたアニメの背景画なのだ。構造的に見れば、それはシミュレーションのシミュレーション、つまりシミュラークルなのである。

ジャン・ボードリヤールによれば、「完全に均質化され、ディジタル化され、〈操作された〉現実としてのヴァーチャル・リアリティは、それが完璧で、コントロール可能で、矛盾対立をふくまないので、現実そのものにとって代わることになる。それは現実以上に〈完成された＝

完了した〉ものなので、われわれがこれまでシミュラークルとしてつくりだそうとしてきたもの以上にリアルな存在」（ボードリヤール 2003：223）になるという。アニメのワンシーンのような風景とは、まさしくその通りであろう。

デジタル・イメージの広範囲な普及によって、あるがままの自然、あるいは現実＝リアルな空間の無効化が進行している。このことは避けられない事態なのかもしれない。それは潜在的なものと実在的なものとの対立の結果としてではなく、パソコンやスマートフォンのモニターの表面にもう一つの仮想的現実が構築されるというマルチウィンドウ的な状況によってすでに相当な段階にまで進んでいるようだ。

モニターでの受容において、潜在的なものと実在的なものは対置される概念ではない。自然と技術の境界線が曖昧となった現在、コンピュータによってシミュレートされたヴァーチャルなものの可能性は、起源と複製、自然と人工、有機物と無機物、真実と虚偽、表面と奥行きといった二元論に揺さぶりをかけている。もしあなたが、スマホのアプリによって加工された顔やHDR技術によって階調を操作された風景写真を美しいと思ったのであれば、すでに、見えないヘッドマウントディスプレーを装着して世界を眺めているのかもしれないのだ。

デジタル・テクノロジーによって世界は多元化され、テレプレゼンス（遠隔臨場感）による空間と距離の喪失によって、コミュニケーションの主体である身体を変容させる。パソコンやスマートフォンのモニターに平面化してあらわれる顔は、具体的な体験や関係性とは無縁のものとなり、眼差しの交流さえも偽装しはじめた。ヴァーチャルと形容される視覚経験の増加は、実在的なものと潜在的なものとの関係の修正を余儀なくしているのである。

本書におけるささやかな目論見は、ヴァーチャルとリアルが併存する現在の状況をどうとらえるのか、またその先に何が見えるのかを視覚文化論的に考察することにある。表題に用いた「奥行き」は、立体物の表から奥までの距離だけを意味するのではなく、肖像画や肖像写真から読み取られる人格、感情、記憶、社会的関係性など、その人の外見を構築するさまざまな要素の結びつきを含めてここでは「奥行き」とした。メディアに表象する顔、化粧された顔、デジタル的に加工された画像の表面を通して、見えるもの／見えないもの、表れたもの／隠されたものとの関係とその行方を探り出したいと思う。

以下、本書の構成を簡単に触れておく。第1章の「脱げない顔から着替える顔へ――『私遊び』の変遷――」では、デジタル・テクノロジーの発達により、顔がいかに「奥行き」を失っていったのか、「私」が多元化していったのかを化粧という観点から浮き彫りにする。第2章の「誰もが美人の時代――美の民主化がもたらしたもの――」では、「奥行き」をなくした顔の時代における美意識の問題を扱う。多様性がもたらした美の民主化は私たちに何を問いかけるのか。美意識の変遷をたどりながら、現代社会における美について考える。第3章の「肖像写真の奥行き――顔の類型学《タイポロジー》とシミュレーション――」では、肖像写真の顔から読み取られる

「奥行き」が、アナログ写真からデジタル写真へと移行した過程を経てどのように変化したのかを考える。第4章の「自撮りと私——キャラ化したコミュニケーション——」では、ソーシャルメディアにおいて流行した自撮り（セルフィー）の動機の問題が取り上げられている。フォトショップのレイヤーを重ねるように素顔の上に重ねられる「もうひとつの顔」が、自己愛的な表現ではなく、自己から乖離したシミュラークルであることが主張される。第5章では、「奥行きをなくした顔の時代」をテーマに、コロナ禍における「顔」を取り巻く状況、「顔」に対する認識の変化、さらにはマスク、メイク、プチ整形、アイドル、コスプレ、ファッション雑誌など身近なものから失われた「奥行き」について、馬場と米澤が結論としてたどり着く先を決めることなく、思いつくまま語り合った。

なお、本書は第1章から第5章までの5章構成となっているが、それぞれ独自の視点から分担して書かれたため、問題意識を共有しつつも、各章の関連は希薄である。そのため、独立した論としてどの章から読んでいただいても差し支えないことを予めお断りしておく。読者諸氏がこの本を通じて、デジタル時代における顔とアイデンティティの関係を考えるきっかけとなれば幸いである。

2021年8月

馬場伸彦

目　次

奥行きをなくした顔の時代
――イメージ化する身体、コスメ・自撮り・SNS――

第4章 自撮りと私 ――キャラ化したコミュニケーション―― 109

馬場伸彦

第5章 対談：アフターコロナ時代の身体 135

米澤 泉・馬場伸彦

第1章

脱げない顔から着替える顔へ

——「私遊び」の変遷——

米澤　泉

1 「インスタ映え」から「リモート映え」へ

２０１０年代の後半は「インスタ映え」の時代だった。インスタグラムなどＳＮＳでの自己イメージが実際に会った時の印象を左右する。場合によっては決定づける。ファッション誌もこぞってインスタ映えの特集を組み、ＳＮＳという空間でいかに私を印象づけるか、イメージを構築するかを指南した。どんな化粧が効果的なのか、撮るアングルやライティングはどうすればいいのか、最終的には加工アプリがある。女性たちは、さまざまテクニックを駆使して、理想の私を作り上げることに余念がなかった。もう編集しない顔などありえない。加工しない写真などありえない。理想のイメージの構築＝「映え」させることは当たり前になった。今となっては、「映え」ないインスタなどインスタの価値がないと言わんばかりだ。

加えて、このコロナ禍が決定打となった。ＳＮＳやネット上でのイメージが現実に先行する、現実を凌駕するどころの話ではない。新しい生活様式の下では、いつまでたっても現実に会うことは難しいかもしれない。仮にフィジカルに会えたとしても、顔半分が覆われたマスク姿が基本である。私を他者に印象づけ、他者と積極的に視覚的なコミュニケーションをする場は、完全に逆転した。他者と「会う」ということがデジタル化された今、ＳＮＳ空間が、Ｚｏｏｍ画面が、私たちの新しい生活様式での「現実」なのだ。

今までの熱心な「インスタ映え」の追求は、結果的にそのための予行演習になったと言えるかもしれない。「インスタ映え」から「リモート映え」へ。今、私たちの関心は移ろうとしている。人と人との接触を減らし、ステイホームが推奨される私たちの生活を「充実させる」には、「リモート映え」ぐらいしかない。日常的なオンライン会議や授業、飲み会はもちろん、就職や入学といった人生を決定するような試験までもがオンラインで実施されるご時世だ。必然的に、好むと好まざるにかかわらず、私たちはネット上での自己イメージというものに対峙せざるをえなくなった。

オンラインの会議や授業を各所が導入するとなったとき、特定の人間からじろじろ観察される可能性の指摘を見かけました。不可視のハラスメントの危惧です。けれど、蓋をあけてみると、進行していたのはまったく逆の事態でした。だれも他人など見てはおらず、画面に映り込んだ自分ばかり見つめている。前髪やアングルをひたすら気にしている。自身が鏡面に映れば反射的にチェックしてしまう程度には私たちはナルシシズムを抱えた存在ですが、Ｚｏｏｍでも、画面の一部に映り込んでいる自分の外見や動作をつい追ってしまう。（大澤 2020：117）

オンライン中に否応なく、見せつけられる「私」の顔。それは思い描いていた自分の姿とどれほど乖離していただろうか。私はこんな顔をしていたのか。私はこんな顔じゃないはずだ。

その乖離を少しでも埋めるために、「前髪」や「アングル」を気にする。あるいは、ライティングや表情に敏感になる。できるだけ無防備な顔をさらしたくないという思いが、オーバーなリアクションに繋がっていく。

> コンテンツ用の演技性に没入するうち、こちらや「ここ」がひゅっと空無化する感覚に陥る。画面のなかに真実も主体ももっていかれる。（大澤 2020：117）

こうして、誰もがタレントやユーチューバーのように、自己を過剰に演出し、キャラクター化し、「自己コンテンツ化」していく。「プライベートとパブリックを融合させた環境での自己コンテンツ化」、それは芸能人を中心とした、積極的に自らを露出する人が意識するしないにかかわらず体感し、行ってきたことである。しかし、オンライン会議や授業は、ごく一般の人びとにも「自己コンテンツ化」を日常的に受け入れ、飼い慣らしていくことを要求する。私たちはそうしなければ、新しい日常を生きていくことができなくなってしまったのだ。

もちろん、中には画面の中の「自己コンテンツ」との乖離が少ない人びともいる。芸能人やそれに準ずる人びと、あるいはインスタグラマーなどと呼ばれ、すでに「インスタ映え」のテクニックをかなりのレベルまで身につけている人びとだ。画面の中にこそ真実があると思わせてくれる人びとだ。その種の人びとは、新しい生活様式における顔の扱いに戸惑ったりしない。むしろ積極的にオンラインという特性を楽しんでいるかのようだ。

『会うたびに「あれっ、またかわいくなった？」と言わせる』（中経出版、２０１３年）『読むだけで思わず二度見される美人になれる』（KADOKAWA／中経出版、２０１３年）『いるだけでどうしようもなく心を奪う女になる』（大和書房、２０１４年）――出す本、出す本すべてがベストセラーとなり、現在最も女性たちに支持されている美容家の神崎恵は、今まで、実際に会った時にいかに印象づけるか、他者を惹き付けるかというテクニックを自らの経験をもとに指南してきた。「会うたびに」「二度見される」「いるだけで」は、いずれも対面でのフィジカルなコミュニケーションを前提としている。

しかし、オンライン、リモートでのコミュニケーションとなれば、今までの「常識」が通用しない場合もある。「会う」ということがデジタル化されれば、画面上で「会うたびに」「二度見される」、画面上に「いるだけでどうしようもなく心を奪う」新たなテクニックが必要になるだろう。

そこで、神崎は自らのリモート体験を踏まえて、オンライン会議で好印象を与えるテクニックを披露する。

> オンライン上のいろいろなことを実験してみた。例えば、肌がキレイに見えるファッションは肌より暗い色。そのほうがコントラストが効いて、肌が白く透けるように見える。（中略）髪は結んでもおろしていても艶が必要。てっぺんにつんつん立ってしまう髪はしっ

かりとなでつけたい。もちろん、メイクも重要だ。肌はある程度アラをしっかりカバーしておくと、それ以上に肌が美しく見える。（中略）

あとは、表情だ。いつもより、3割増しでリアクション。画面との距離を変えたり、手を入れたりすると画面全体の表情が変わっていい。オンラインは新しい自分の魅力を観察してもらえる場所。ぜひあれこれ試してもらいたい。（神崎恵「恋させる瞬間　美容劇場」『MAQUIA』2020年10月号）

このように神崎の手にかかれば、オンラインもまた「新しい自分の魅力を観察してもらえる場所」に変わるのだ。オンラインは対面の代替措置ではない。対面では不可能な「新しい印象やより深い印象を与える絶好の機会」となるのである。

40代半ばの神崎が同世代だけでなく、20代、30代の女性からも幅広く支持を集めているのは、元タレントという自らの経験に裏打ちされた圧倒的な自己プロデュース力があるからだ。過去にも君島十和子や佐伯チズの名を出すまでもなく、美のカリスマ、美容家として女性たちに崇められる人物はいくらでもいた。しかし、神崎ほどベストセラーを連発し、10年以上にわたって若い女性からも支持されている美容家は他に類を見ない。2020年7月の時点で著書累計発行部数は134万部を突破し、インスタグラムのフォロワー数は45万人を突破している（『神崎CARE』講談社、2020年 アマゾン「著者について」より）。

一般に美容家は自らの年齢が高くなれば、支持層も高齢化し、若い女性からは支持されなくなるものだ。しかし、神崎は20代、30代、40代の女性からまんべんなく人気を集めている。毎月、世代を超えたありとあらゆるファッション誌に登場し、美容の域を超えて、どのような演出をすれば、他者にどのような印象を与えられるのかを事細かに指南し続けているのだ。

考えられるさまざまなシチュエーションを想定して、その場面に相応しいメイク、髪型、ファッションはもちろん、調光、アングル、表情、リアクションまでを懇切丁寧に指南するからこそ、神崎は年齢を問わず支持される。その経験によって積み重ねられた技法の集大成は、一言で言うならば『「日常」をドラマティックにする方法』（宝島社、２０１６年）であり、計算しつくされた演出によって自己をコンテンツ化する方法に他ならない。

すなわち「自己コンテンツ化」の天才・神崎恵はSNS、リモート全盛時代に現われるべくして現われた美のカリスマなのである。近年、同じく美のカリスマとして人気を集めている田中みな実も同様だ。彼女もまた「女子アナ」の域を超えた自己プロデュース力によって、「田中みな実」というコンテンツ化に成功しているからこそ、女性たちから憧れられるのだ。その卓越した能力はオンラインにより「自己コンテンツ化」を余儀なくされた私たちにとって、いっそう魅力的なものとして輝く。

このように、私たちは「リモート映え」という新しい生活様式における顔のあり方を求められている。それは、顔を自己コンテンツとして、可能な限り演出することであり、フィジカルな顔にとらわれることなく、デジタル・イメージとしての顔を表象することである。

いつから私たちは、このように自らの顔をコンテンツとして捉えるようになったのだろうか。数年にわたる「インスタ映え」期間を経て、私たちが「顔」を比較的自由に扱えるようになるまでには、どのような道のりがあったのだろうか。いや、もっと以前、SNSもスマホもなかった時代の私たちは顔とどのように向き合っていたのか。

SNSやスマホはもちろん、カメラ付きケータイもない約40年前に時間を巻き戻してみることから始めよう。それはまだ私たちが自分の「顔」を器用に扱えなかった時代のことである。

2　服のように脱げない顔

服のように
簡単に顔をぬげなくて
苦しい

（井坂洋子　『朝礼』より「素顔」1979年）

詩人の井坂洋子が1979年に発表した「素顔」という作品がある。「素顔」は当時の若い女性の身体意識を表現したものであるが、1984年にはこの詩に共感したミュージシャンの矢野顕子が曲を付けて歌い、オリジナルアルバム『オーエスオーエス』に収録した。それだけ、「素顔」には70年代後半から80年代にかけての若い女性と顔との関係性や、当時の顔というものが持っていた意味が表われていたと言えるのではないだろうか。

服は脱げるが、顔は脱げない。服は着替えられるが、顔は着替えられない。顔は今よりもずっしりとした重みを持って受け止められていた。プリクラもスマホもSNSもない80年代とはまだそんな時代だった。

当時は「日本の若者たちによる革新的な洋装」（アクロス 1995）である、DCブランドという名の個性的な服が次々と登場し、人びとが夢中になっていた頃であった。少数精鋭の多種多様な服を身に纏うことで、「私らしさ」が手に入る――記号的消費による「私探しゲーム」（上野 1992）の幕が切って落とされたのだ。

何よりDCブランドが全盛だった前半は、お洒落することに生きがいを感じることができる雰囲気があった。たった半年で消える最先端のデザインを誰より早く着て街を歩く。そういうファッションフリークがたくさんいたのだ。（谷川 2016：201）

コム・デ・ギャルソン、ピンクハウス、ニコル、ビギ、パーソンズ。お洒落になるためには、最先端の個性的な服を着ることが何よりも優先される時代であった。ファッションによる自己表現である。もちろん、個性的なファッションに合わせた個性的なヘアメイクも登場した。刈りあげたショートヘアに太眉。紫やシルバーの口紅。しかし、それらはあくまでもアヴァンギャルドなファッションに付随するものだった。決して化粧が流行を先導していたわけではない。

「春咲小紅。」「くちびるヌード咲かせます。」化粧品のCMは今よりもずっと影響力を持っていたが、化粧そのものはファッション以上に重要視されていたとは言いがたい。まずは、ファッション。それから化粧。化粧専門の情報誌などというものはまだなく、ファッション誌における序列が覆ることはなかった。ファッションの流行を存分に伝えてからそれに合う化粧を提案するのが暗黙のルールであった。

春は唇。夏はボディ。秋は目元。冬は肌。新製品の発売時期も季節ごとにだいたい決まっていた。現在のように年がら年中、新色や限定品で溢れかえっていたわけではない。

つまり個性的なファッションがまかり通っていた割には、化粧は一部の先鋭的なものを除いてそれほど個性的ではなかったのだ。80年代のメイクの流行に目を向けてみよう。ナチュラルな太眉に赤やピンクの口紅。バリエーションはそれほどない。80年代後半に流行した濃いヒューシャピンクの口紅、通称「丸の内ピンク」に至っては、OLはもちろん、女子大生も「家事手伝い」も主婦もみんなが同じ色を愛用していた。ディオールの475番。サンローランの19番。シャネルのココピンク（＝30番）という具合に番号が決まっていたのである。

どれもほとんど違わない色なのだが、だからこそ女性たちはこの色を欲しがった。それは肌から不自然に浮き上がるほど鮮やかなピンク色だったが、顔立ちも、肌の色も無視して、バブル期の女性たちはこの色で唇を彩った。パーソナルカラーという考え方もまだ広まっていない当時は、それが流行の原色の服にも負けない「美人」に見える色、と信じられていたからである。

一方、80年代は女子高生もまだ日常的に化粧をしていなかった。化粧は高校を卒業してからするものであり、大人へのパスポートとして機能していた。あくまでも大人の女性の「身だしなみ」の域を超えず、当然制服と化粧は相容れないものだったのだ。

制服は皮膚の色を変えることを禁じ
それでどんな少女も
幽霊のように美しい

（井坂洋子　『朝礼』より「制服」１９７９年）

90年代に入って、ミニ丈に改造した制服にガングロメイクを施したコギャルが登場するまでは、女子高生は化粧しないものだった。80年代のお洒落好きなオリーブ少女たちも「はじめてのお化粧」（80年代『Olive』の連載記事）に胸をときめかせていたのである。

皮膚の色を変えることはもちろん髪の色を変えることも禁じられていた。顔も髪もありのままでなければならない。染めるなどもっての他だ。今では当たり前のように使われる茶髪という言葉だが、80年代には茶髪という言葉はまだ存在しなかった。髪は黒髪と決まっていた。髪を染めることはあくまでも逸脱行為、社会への反発、簡単に言えば「不良」のすることと捉えられていたからだ。芸能人でもなければ、ファッションとしての茶髪はまだ社会的に認められていなかった。現在でも一部の中学や高校で、生まれつき明るい髪色の生徒たちに毛髪証明書を提出させたり、黒染めを強要するのは、この名残と言えるだろう。

また、ジェンダーという概念が浸透していないこの時代は「男は顔じゃない、心だ」という規範もまだ通用していた（村澤 2007：204）。男たるもの、外見ではなく「中身」で勝負しなければならない。その結果が中年期にさしかかった時に「男の顔は履歴書」として立ち現れてくるのだから。その時は、視る性である男もまた顔に責任を持たなくてはならないだろう。

しかし、視られる性である女は生まれ落ちた時からずっと自分の顔に責任を持たなくてはならなかった。「男は顔じゃない、心だ」の裏返しはそのまま「女は心じゃない、顔だ」なのだから。そう、「女は顔」だったのだ。だからこそ、80年代の少女は「服のように簡単に顔をぬげなくて苦し」かったのではないだろうか。

自分の顔に納得できなかったらどうすればよいのだろうか。脱ぎたいのに脱げない。着替えたいのに着替えられない。DCブランドの服のように、化粧でもっともっと自己表現できたら。違う顔を纏うことで新しい私になれたら。いろんな自分になれたら。もっともっと楽になれるのに。

表現としての言葉と、表現としての身体はまさに表裏一体なのだ。それは、他人に自分を伝える手段として表裏一体であるのみならず、自分が自分であることを知る手段としても表裏一体なのである。詩とか日記とかを書き始める時期と、やたらに髪をいじったり、ひそかに化粧し始めたりする時期は、一致している。少女が化粧し始めるのは他人に向かってだけではない。自分に向かってでもあるのだ。（三浦 1999：73）

しかし、80年代の少女は化粧をすることを堅く禁じられていた。化粧は大人になってから。「女は顔」なのに、顔に責任を持たなくてはならないのに、その顔には安易に手を加えてはならない。偽ってはならない、とされていたのだ。そのもどかしい思いが「素顔」という詩からも立ち上ってくるようだ。そこには化粧をしない「素顔」こそ本当の顔であるという根強い意識がある。

１９８０年代、顔はまだ人格という重い鎖で結びつけられていた。女性たちがその鎖から解き放たれるには、90年代の到来を待たねばならなかった。

3　コスメの時代 ――「私遊び」としての化粧――

そのような状況が劇的に変化し始めたのが90年代半ばのことである。茶髪、ガングロ、目力、細眉、小顔、化粧に関する言葉が巷間を賑わすようになり、女子小学生から男子オリンピック選手までが積極的に化粧や身体改造に励む時代がやってきた。小学生たちは「初めてなのにメークの天才！」（『小学六年生』90年代の連載記事）を競い合い、オリンピック選手はスキージャンプで自らが描いた弧にも負けないぐらい美しい眉を誇った。外見至上主義社会の到来である。「人は見た目が9割」となり、男性の「ビジュアル系」なども登場し、女だけでなく「男も顔」の「コスメの時代」（米澤 2008）に突入したのだ。

コスメティックの語源はCosmos（コスモス）＝秩序、宇宙とされるが、まさに老若男女の誰もがコスメティックによって秩序と調和のとれた身体という宇宙を保っていかねばならない時代に入ったということだろう。

写真は資生堂創立100周年を記念して、1997年にデビューしたピエヌというブランドのキャッチコピーである。前田美波里の「太陽に愛されよう」（資生堂ビューティケイク 1966年）から山口小夜子の「かざらない唇ほど美しい。」（資生堂京紅 1978年）、今井美樹の「ライブリップの赤」（資生堂 インテグレート1988年）まで、資生堂はいつの時代も新しく、先鋭的な路線で、日本の化粧文化を牽引してきたが、主力ブランドのCMやポスターにここまでアグレッシブなメッセージを起用したことはなかったのではないか。

アグレッシブなメイクのモデルたちに、「メイク魂に火をつけろ。」という挑発的なキャッチコピー。これは、資生堂100年のそして、日本の化粧文化が達した一つの到達点のようにさえ思える。この頃から、日本の女性たちにとって、化粧の持つ意味が確実に変わったのだ。好感度よりも自己満足。身だしなみから自己表現へとシフトしたのだ。好きなだけメイク魂を炸裂させてもよくなったのである。

しかしながら、なぜ、90年代に入ってメイク魂に突如として火がついたのだろうか。大きな理由としてはメディア環境の発達が挙げられる。90年代とは私たちを（とりわけ女性たちを）とりまくメディア環境が劇的に進化した時代であった。プリクラもケータイもインターネットも、すべて90年代に登場したものである。そして、そのいずれもが私の「顔」に深く関係するメディアだった。

資生堂ピエヌの記事
『国際商業』1997年4月号 pp.43-49

使い捨てカメラ「写ルンです」が86年に発売されたことでようやく身近になったものの、80年代の女性たちにとって写真を撮ること、それも自分の顔や身体を撮ることは、まだハードルが高い行為だった。カメラは一家に一台、それも父親の所有物という確率が高かった。写真撮影は成人した男性の趣味の領域に留まっていたのだ。ましてや自分の顔が簡単にシールになり、気軽に交換されることなど考えられなかった。

ゆえに、1995年のプリクラ（プリント倶楽部・セガなどが開発したプリントシール機）の登場は若い女性たち、とりわけ女子高生たちによって熱狂的に受け入れられた。自分の顔がシールになり、モノ化されていくプロセスを目の当たりにするプリクラというアミューズメント。ゲームセンターに置かれたプリクラは、写真を撮るという行為を若い女性の「私遊び」に変えた。視られることを前提にし、モノとなった私の顔は、「私」というキャラとして、友人の間に流通していく。現在に続く「自己コンテンツ化」の始まりはここにあったと言ってもよい。プリクラはあっと言う間に新たなコミュニケーションの手段となり、女子高生の間では友人と交換したシールで埋め尽くされた「プリ帳」が流行し、プリクラによる「写交性」が重視されるようになった。

となれば、少しでも「かわいく写りたい」、「印象をよくしたい」という思いが芽生えてくるのも当然ではないだろうか。しだいに、女子高生たちはマスカラを何本も重ねて目を大きく見せ、「目力」を強調することに心血を注ぐようになった。登場したばかりのプリクラには「デカ目」にするなどの「盛る」機能はまだなく、写真の解像度も粗かったため、目を大きく見せればそれだけで「かわいく」写れたからである。こうして、90年代後半には、日本女性のマスカラの消費量が劇的に増加することとなり、やがてはみんなが「つけまつける」（きゃりーぱみゅぱみゅ　2012年）ようになったのだ。

加えて、1999年に登場し、2000年に普及したカメラ付きケータイがその傾向に拍車をかけた。「持ち歩くプリクラ」をコンセプトとして開発されたカメラ付きケータイにより、「写メール」（写メ）は一般化し、プリクラを撮りにゲームセンターに行かなくても、いつでもどこでも誰とでも、写真を撮り交換することが可能になった。ますます簡単に「写交」できるようになり、世の中は「写交性」によって渡り歩くものになっていった。

そしてカメラ付きケータイの普及以降、私たちは四六時中、写真を撮り、写真に撮られる生活を送るようになった。顔は視られるだけでなく、常に撮られるモノとして存在するようになったのだ。ならば、常に撮られる準備を怠らないことが求められる。化粧による自己プロデュースにいっそう磨きがかかるのも当然である。撮られた写真はシェアされることが大前提なのだ。そこでは顔がすべてである。よって「メイク魂に火がつ」き、化粧ブームが到来したと考えることができる。

さらには、ファッション界におけるスーパーモデルの人気もこのブームをいっそう後押しすることとなった。パリコレで発表される最新のモードよりもそれを着こなすモデルたちがモードになったのだから。まさにメディアがメッセージなのである。何を着るかよりも誰が着るかが重要なのだ。

着る物よりも着る者が重視される時代において身体改造は必須であろう。スーパーモデルのような理想の顔、身体を女性たちは半ば本気で求めるようになった。その想いを助長するかのように、「私脱いでもスゴイんです」（TBC 1995年）「ナオミになろう」（TBC 1996年〜1997年）とエステのCMは女性たちをさらに焚きつけた。「ナオミよ。」——ごく普通の日本女性「なおみ」がエステに行くことでスーパーモデルのナオミ・キャンベルに変身するCMは、この時代の女性たちの顔や身体への向き合い方を象徴していると思われる。

また、女子高生たちの身近なお手本として、小顔ブームの火付け役になった安室奈美恵が現われたことも特筆すべきだろう。90年代半ばの街には、センターパートのロングヘアに細眉メイク、ミニスカートに厚底ブーツというスタイルのアムラーが溢れ、社会現象にまでに発展した。

こうして、90年代半ばから2000年代にかけて、自己プロデュースの名のもとに顔や身体は可塑的に作られるものとなっていく。三度の飯より化粧好きで、24時間を化粧に捧げるコスメフリークも登場するようになった。彼女たちの情熱に応えるべく、化粧情報の専門誌が次々と創刊された。今までは、ファッション誌の中に間借りするように存在していた化粧情報が独立し、それ自体で「化粧情報誌」という一つのジャンルが確立されたのだ。1998年の『VoCE』（講談社）を皮切りに、『美的』（集英社 2001年創刊）『MAQUIA』（小学館 2004年創刊）など大手出版社が参入し、書店でもファッション誌を脅かすぐらいの勢いで化粧情報誌が一角を占め出した。

とりわけ『VoCE』は「きれいになるって面白い！」をキャッチフレーズに、化粧のエンターテインメント性を前面に打ち出して、支持されるようになった。身だしなみとしての義務感からの化粧ではなく、プロセスを重視し、化粧行為そのものが面白い、楽しいと考えられるようになったのだ。まさに「メイクはミーをハッピー」（資生堂ピエヌ　２０００年春キャンペーン）にする行為になったと言えるだろう。

このように、90年代の後半からは、自発的に化粧を楽しむ、趣味としての化粧がクローズアップされるようになっていく。季節を問わずさまざまな新作化粧品が次々と発売され、それを操るメーキャップアーティストはスター化される。化粧は自己目的化し、コンサマトリー*な化粧が主役に躍り出る。大人の女性の身だしなみから自己表現、自己プロデュースへと化粧は変容し、ついには趣味としてもとらえられるようになった。

『VoCE』1998年創刊号

もちろん、趣味としての化粧においては、毎日同じ顔をつくるわけではない。化粧による自己プ

＊自己充足的。タルコット・パーソンズによる造語。ここでは、それ自体を目的とした自己充足的な化粧を指す。

ロデュースによって、日替わりでいろんな顔になること、顔を着替えることが大前提である。まるで人形《フィギュア》をつくるように、「私」という人形《フィギュア》をつくるのが化粧による「私遊び」なのだ。私とは探すものではなく、遊ぶものである。化粧が「コスメ」と言われるようになった頃から、化粧はいくつもの「私」を遊ぶための手段になった。劇的に顔を作り込み、さまざまな「私」をプロデュースする、いわば「顔の着せ替え」、「顔のコスプレ」である。素顔が本当の「私」とは限らない。むしろ化粧をした顔が「私」の顔なのだ。ようやく、服のように簡単に顔が脱げて楽しい時代がやってきたのである。

こうして、顔の着せ替え、コスプレである「私遊び」が全景化してくることによって、「顔は人格を表わす」いう概念もしだいに希薄化し、SNSで複数のアカウントを持つようにいくつもの顔=いくつもの「私」になることが当たり前になっていく。「顔が一つしかないのが残念です。」とコスメフリークは嘆いてみせ、「〝全身が顔〟なのです。」（叶 2008：47）と叶姉妹は嘯《うそぶ》いた。カラーリングされた頭のてっぺんからネイルアートを施したつま先まで。手をかけるほどに顔や体は饒舌になり、いくつもの「私」を語り出す。コスメの時代はピークに達しようとしていた。

4　インスタ美人の誕生 ――整形よりも、コスメよりも――

整形と素顔のあいだ

もちろん、「コスメ」には美容整形という「禁じ手」も含まれていた。いや、もう「禁じ手」ではなくなったというべきかもしれない。美容整形の敷居が低くなったのもコスメの時代の特徴だ。とりわけメスを使わずに理想の顔に近づける整形は、俗に「プチ整形」などと呼ばれるようになることで抵抗感がなくなり、カジュアル化した。ボトックスやヒアルロン酸注入、埋没法による二重まぶた形成。しわも、たるみも鼻の高さも、二重まぶたも、メスを使わなくていいのならば、気負いなくトライできるというものだ。

そして、ツイに今回VOCEの記事でやってみたいモノのひとつだった「ヒアルロン酸注射」に挑戦です。キャー!!そしてこれもまた「タカナシクリニック」なのよー!!先生ー!興奮して叫び出すほどのやってみたさ。（安野 2001：15）

創刊したばかりの化粧情報誌『VoCE』で「美人画報」という連載を持っていたマンガ家の安野モヨコも、はじめて「プチ整形」を行なった時の高揚感をイラストとエッセイで明るく綴っている。

半年で元に戻る（半年しか効果が続かないということだ）「プチ整形」は気軽に試せることから、人気を集めるようになり、さらに現在ではレーザー、注射、投薬などを通じたメスを使わない美容のための医学的措置「美容医療」として定着した。もはや、老化はある程度防げるものであり、「治療」できるのだ。美容医療はアンチエイジングというかけ声のもとに大学病院でも行なわれる施術となったのである。

美容医療が広まるにしたがって、メスを使う美容整形も足並みを合わせるように以前ほどハードルが高くなくなった。お手軽な美容医療と本格的な美容整形が地続きになったのだ。このように、90年代後半から2000年代にかけてカジュアル化していく美容整形を自らの身体を使って次々と体験していったのが作家の中村うさぎである。彼女は2003年に出版した『美人になりたい――うさぎ的整形日記――』という著書において、自らの整形体験を赤裸々に吐露している。

てなワケで、「中村うさぎ44歳を奥菜恵23歳に変身させるプロジェクト」が始まったのである。諸君、術前の写真を見ていただきたい。いくらすっぴんとはいえ、ブスである。我ながらヤバいほど激ブスである。しかも、ババア。この顔をどうやって奥菜恵にするというの？

「まず、顔の輪郭を細くするためエラの咬筋にボトックス注射をし、筋肉を収縮させます。そして顎と鼻筋にヒアルロン酸を注射して顎を尖らせ、鼻を高くする。さらに口の両脇にヒアルロン酸を打ってシワを消し、口角を上げ……」

と、このように説明しながら的確に注射を打っていく高梨院長。そして注射を打つたびに顎がギューイーンと尖り、みるみる鼻が高くなっていくSFXのような手術現場。凄い！5分で別人の顔なんですけど……。（中村 2003：106）

淡々と「プチ整形」による自らの顔の変貌ぶりを観察し、描写する中村うさぎには、「自分の顔」と決別することへのためらいはほとんどみられない。それよりも、自らの顔が「奥菜恵」へと変わっていくことの喜びが勝っているようで、ついに彼女はその状態を保つためにメスを使う本格的な美容整形、フェイスリフト手術へと至る。

私は「顎の尖った自分」が珍しくて、何度も鏡を見る。四十四年間、私はこの顎が欲しかったのだ。（中村 2003：89）

中村うさぎは何も特異な存在ではない。納得できる自分になるために、人形《フィギュア》となった私に萌えるために美容整形遍歴を重ねただけなのだ。それは鏡に向かって顔をいじっているのと大差ない。「自分が自分に納得する儀式、それが身体加工であり、化粧であり、衣裳」（三浦 1999：

89）だとすれば、「自分が自分に納得する儀式」が少しばかりエスカレートしただけなのだ。

「君はピアスだって開けているしダイエットだってしているだろう？　お姉さんのしていることはその延長ラインのものだよ」（岡崎京子『ヘルタースケルター』２００３年）

そう、コスメの時代の到来とともに美容整形はもはや特別な行為ではなくなったのだ。高須クリニックの高須克弥院長は、「『フツーの学生やＯＬ』が美容院や歯医者の感覚で美容整形に通うようになった」と述べている。美容整形の認識に対する変化は、「目はもう整形のうちに入らない」という感覚も芽生えさせた（川添 2013：19）。

なぜ、女性たちはこれほど美容整形に魅了されるようになったのか。コスメの時代以降の美容整形事情を分析した谷本奈穂は、女性たちが整形する理由として、劣等感の克服や異性に受け入れられることよりも、自分自身の心地よさや自己満足を挙げている（谷本 2008）。まさに、自分が自分に納得するために、「私」に萌えるために女性たちは化粧をし、プチ整形をし、美容整形をして顔を着替えるようになったのだ。

また、中村うさぎは一連の整形体験を通して「自分の体に対する自意識から解放された」（小倉・中村 2006：141）と言う。整形とは「自分の顔を手放す行為」であり、その結果、自分の顔に責任を持たなくてもよくなったとも述べている。

今までの私たちは（とりわけ女性たちは）自分の顔に責任を持つことをあまりにも強いられて

いたのではないだろうか。顔と人格が強固に結びつけられていたのではないだろうか。殊に視られる性としての女性には、男性には計り知れないほど、生まれ落ちたときから「顔」が重くのしかかっていた。だからこそ、服のように簡単に顔を脱げなくて苦しい思いをし続けてきたのではないだろうか。

しかしながら、コスメの時代を経て、顔は「私萌え」のために――自分の心地よさや自己満足のために着替えられるようになった。化粧か美容医療か、美容整形か、どの手段を用いるにせよ、納得できなければ、気に入らなければ、脱げばよい。もはや服のように簡単に顔を脱げない時代ではない。中村うさぎのように、「私の顔」を手放すという選択もある。だが、中村うさぎもまた「本当の顔」にとらわれすぎているために、手術を伴う本格的な整形をせずにはいられなかったのではないだろうか。「私遊び」としていくつもの私を楽しむ余裕などなかったのかもしれない。

とはいえ、どの顔が本当の私の顔なのだろうか。やはり素顔が「本当の顔」なのか。化粧した顔はあくまでも偽りなのだろうか。少しでも整形した顔は私ではないのだろうか。そもそも素顔とはいったい何なのか。それは、何も手を加えていない顔のことを指すのだろうか。

何の加工も変形も施されていない顔は存在しない。顔の自然性とはひとつの虚構であり、それはつねにすでに侵犯されている。(鷲田 1998：53)

何も加工も変形も施されていない、ありのままの私。すっぴん。素顔。そんなものは初めからないと哲学者は言う。ただ、程度の差だけが存在するのではないか。顔を洗い、スキンケアをしただけの私。ナチュラル・メイクを施した私。別人のようにメイクした私。美容医療を施した私。整形をした私。どれも「私」なのだ。いくつもの私はすべて「私」なのだ。メイクしていない私が本当でメイクした私は偽物ではない。顔の自然性が虚構であるように、すっぴんも、ありのままを装った顔でしかない。すっぴんから、フルメイク、美容整形まで。いくつもの「私」がフラットに存在しているだけなのだ。素顔が本当とは限らない。自然な顔なんてない。コスメの時代は、そのことを改めて私たちに突きつけたのではないだろうか。

ポストコスメの時代 ——SNSというフェアリーランド——

2010年代に入ってざわちんという若い女性が「ものまねメイク」で人気を博した。ざわちんの顔はいつも下半分がマスクで隠れているのでよくわからない、というよりも、彼女が「本当」はどんな顔をしているのかはそれほど重要ではない。メディアに現れるざわちんはたいていマスク姿で誰かになりきっていた。「浜崎あゆみ」「滝川クリステル」「きゃりーぱみゅぱみゅ」「韓流アイドル」誰かになりきることによって、ざわちんはざわちんとなっていた。誰にでもなれるということがざわちんの存在意義であり、それが価値を持つ世の中になったということだろう。

日常的にマスクが必須アイテムとなった現在、私たちはマスク顔を違和感のないものに変えたざわちんという存在について改めて考えるべきではないだろうか。人の顔の印象は、目元でほぼ決まるのか。コロナ禍以降、化粧品会社や化粧情報誌は今までにないほど目と眉のメイクで印象を強めることに躍起になっているが、目と眉を加工すれば、あらゆるイメージをつくることができるのか。逆に言えば、私たちは人の顔というものを、目元を中心に解釈しているのか。

ざわちんは私たちに教えてくれる。人はなろうと思えば誰にでもなれると。ざわちんは私たちに気づかせてくれる。「本当の顔」はそれほど重要ではないことを。顔と人格は思ったよりも結びついていないことを。

こうして2000年代以降、顔はますます人格という奥行きをなくし、遊ばれる時代に突入していった。何よりもスマホの自撮り機能とSNSの発達が決定打となった。ざわちんの出現も自撮りとSNSなくしてはありえない。

カメラ付きケータイに必須となった自撮り機能はスマホにその座を明け渡してからいっそう進化し、思い通りの自分が簡単に撮れるようになった。さらには、2015年に登場した「SNOW」に代表される「コスメアプリ」などと呼ばれる顔の修正（編集）機能もますますバージョンアップし、白く陶器のような肌も、ぱっちりした大きな目も、ほっそりした輪郭も今や一瞬で作れる。適度に盛られた理想の顔が簡単に表れる。もう、従来のメイクだけでは物足りない。もう、「普通」の写真には戻れない。加工なしではいられないのだ。

写真家の大山顕は、「SNS以前の顔写真」と今私たちが見慣れている「SNS的ポートレイト」は同じ顔写真であっても微妙に異なっていることを指摘している。表情の作り方やシチュエーションも含めて、「スマートフォンやSNSによって、ぼくらの顔は変わったのだ」（大山 2020：15）と述べている。それは、逆に「他撮り」という言葉が生まれるほど、自撮りが当たり前になったせいでもある。

では、私たちの顔はSNS以降、どのように変わったのだろうか。

> 陰をなくしてバックライトで光る小さな画面の中の自撮り写真は、妖精の最新版なのではないかと。ティンカー・ベルは「ナイトライトより何千倍も明る」くて「あなたの手と同じぐらいの大きさ」だという。まさにスマートフォンのことではないか。SNSの世界はフェアリーランドだ。今やぼくら自身が妖精になったのだ。（大山 2000：123-124）

そう、大山の言葉を借りるなら、自撮りによって影をなくした私たちはSNSというフェアリーランドの住人として生きることになったのだ。そこでは、フィジカルな本人の姿よりも、SNS上のイメージがむしろ「私」として評価される。「本当の私」とは、本来そうであるはずの「私」、つまりデジタル上で編集された理想的な自己イメージのこととなったのだ。

「本当の私」を求めて。私たちは「自撮り」の深い深い穴に落ちて行き、SNSというフェアリーランドの住人となる。フェアリーランドでは、フィジカルにどんな顔をしているかや「素顔」は重要ではない。SNS上でどのように見せるか、どのような印象を与えるか、それがすべてである。フォトジェニックならぬ、インスタジェニックな私であること。「インスタ映え」する私であること。それが至上命題だ。

それは顔だけに留まらない。スイーツも、コスメも、部屋も。あらゆるもの、あらゆる人物、あらゆる空間すべてがフェアリーランド仕様にならなければならない。すべてが「キュンキュンする」ものにならなければならない。「インスタ映え」は、フェアリーランドの世界に住むための必須条件だ。

その熱意に圧倒されるように、2010年代の後半はファッション誌もファッションそっちのけで、「インスタ映え」を追求するようになった。かつては「エビちゃんOL」をはじめとする「モテファッション」を次々と生み出した『CanCam』（小学館）も、「インスタ映え」一色となった。とりわけ、2017年2月号で自撮りをいっそう映えさえる「魔法の自撮りライト」を付録に付け、「かわいい写真が撮りたい!!」と身も蓋もなく自撮り宣言してから、『CanCam』の「インスタ熱」は止まらなくなった。

2017年2月　かわいい写真が撮りたい!!（付録・自撮りライト）
2017年5月　自分をもっとよく見せる方法が知りたい!?

２０１７年６月　キュンキュンする顔になりたい
２０１７年７月　インスタの女王になりたい（付録・自撮りライト）
２０１７年９月　この夏、かわいい思い出残したい！
２０１７年１１月　この秋、今っぽく〝ゆめ盛り〟してみない？
２０１７年１２月　「おしゃれな顔」になる方法

『CanCam』による一連の特集効果もあってか、「インスタ映え」は２０１７年のユーキャン新語・流行語大賞にも選ばれることとなり、社会現象化した。『CanCam』の「インスタ熱」は２０１８年に入っても続き、「キュンキュンするもの図鑑♡」（２０１８年1月号　付録・自撮りライト）「ポーズも！コーデも！インスタのためならここまでやっちゃう♡」（２０１８年2月号・写真参照）という具合にピークに達した。

付録であるクリップ型の「魔法の自撮りライト」は、スマホに挟むかたちで使用する。２０１７年7月号のものは、星の形をしており、ライトを点けて撮影すると黒目の中に星が入る。まるで少女漫画のヒロインのような顔を撮ることも可能だ。まさに一瞬でフェアリーランドの住人になるための「魔法の自撮りライト」なのである。リモート時代の今ではPCに付けるのも当たり前となった「自撮りライト」だが、当時はまだ珍しく、付録の号は売り切れが続出した。

当然、他の雑誌もインスタ志向にならざるを得ない。ライバルである『JJ』（光文社）も、「『絵になる私♡』を作る、服と写真」（2017年9月号　付録・インスタ物取りシート）2017年10月「誰かのいいね！がやっぱり欲しい♡」（2017年10月号）「人生変わるインフルエンサー！」（2018年8月号）というように応戦し、青文字系の『sweet』（宝島社）も「フォトジェニックな女のコになりたい♡」（2017年7月号）「フォトジェニックな『おしゃれ顔』の秘密を教えます！」（2018年2月号）と対抗した。

「キュンキュン美人」「絵になる私」「フォトジェニックなおしゃれ顔」雑誌によって表現は多少異なるが、『私たち、かわいい写真が撮りたいの』（『CanCam』編集部2017年12月）という思いに支えられ、インスタ至上主義は2010年代後半の低迷するファッション誌の主要コンテンツとなったのである。

『CanCam』2018年2月号

デジタル・イメージの私をフィジカルに再現する

なぜ、ここまで「インスタ熱」がヒートアップしたのだろうか。女性たちは自撮りを中心とした「私遊び」に夢中になったのだろうか。すすんでフェアリーランドの住人になろうとしたのだろうか。それは、かつてファッションやコスメでフィジカルに作っていた自己イメージを、今やネット上のイメージとしていくらでも思い通りに作れるようになったからである。それだけではなく、SNSの普及以降、ネット上のイメージが与える印象がリアルなイメージを陵駕するようになったからではないだろうか。

ファッションデザイナーの山縣良和は、すでに2013年の時点で、ネット上に溢れる「自撮り」が服を着ることと同じように自己イメージを決定づけると指摘している。


初対面のリアルな本人はかわいくないけれど、その背後にネットで見た自画撮り（自撮り）のかわいい顔の残像が浮かぶから、その子がかわいく見えるそうです。ネット上の写真はきれいだったからな……と。これはもう完全に「装っている」のと同じですよね。服を着ることで相手に与えていた印象、つまり移り変わる本人の見かけやトレンドは、もはやリアルの世界だけでなくネット上の情報としてもあるのです。（山縣・坂部 2013：30）

インスタにアップした写真や動画のイメージがかわいければ。きれいであれば。もう、その人は「インスタ美人」の称号を与えられる。「インスタ美人」の残像がリアルな、フィジカルな顔のイメージも操作する。それは、2010年代の後半になって決定的となった。

理想的なデジタル・イメージをつくり上げた者の勝ちなのだ。それぐらいSNSの影響力は強い。何しろみんながフェアリーランドの住人なのだから。お互いが「インスタグラム」というフェアリーランドに住んでいるのだから。現実を見るよりもインスタを見ている時間の方が長いかもしれないのだから。

すでにフェアリーランドには理想の顔をした私が住んでいる。後は、そこに現実を近づけるだけなのだ。デジタル上で出来上がっている理想の私のイメージをフィジカルに「再現」するだけなのだ。主客転倒しているようだが、その手法はすでにさまざまな化粧品販売のプロモーションにも取り入れられている。

資生堂が手掛ける若い女性向けのメイクブランド「マジョリカマジョルカ」では、２０１６年秋から冬にかけてネット上で自分の顔をイラストレーターの宇野亞喜良のキャラクターにしてくれる似顔絵「マジョリ画」が人気を呼んだ。ＳＮＳのプロフィール画像には瞬く間にアンニュイでモードな雰囲気の「マジョリ画」の「私」が増殖した。もちろん、資生堂は「マジョリ画」をつくるだけでなく、実際に「マジョリ画」になる化粧品とメイク方法も教えてくれた。アイシャドウはこれ、リップはこれ。この色をこんな風に載せればあなたの顔は「マジョリ画」になると。現実を模倣した似顔絵が「マジョリ画」なのではない。理想の「マジョリ画」に現実を近づけるのだ。「マジョリ画」に私が似なければならないのだ。その顔をつくるための魔法が「マジョリカマジョルカ」というコスメなのだ。まさに、これはフェアリーランドの住人たちに向けた新しい化粧品販売のあり方ではないだろうか。

さらに、同じ資生堂のブランド「インテグレート」がコロナ禍の２０２０年に発売した

「すっぴんメイカー」に至っては、「アプリのフィルター効果のように瞬間補正して、素肌以上の透明感を実現」することを謳っている。カラーコントロールパウダーやリキッド下地という化粧品が、「コスメアプリ」と競わなければならない時代が来たと言うことだ。

また、カネボウの「ケイト」は、2021年初頭にエヴァンゲリオンのキャラクター綾波レイとコラボした「限定レッドヌードルージュ」を発売した。「綾波レイ、初めての口紅」と名付けられた鮮やかな「その赤は、ひとりの人間として意志をもった証（あかし）なのか。」あるいは、「かつて見たことがないその姿は、自分の想いを表現した姿。」なのか。私たちは今や女優でもモデルでもない、綾波レイを「お手本」として、メイクするようになったのだ。「誰かのためでなく、好きな自分になるために。」

長きにわたって、化粧や美容整形は、フィジカルな本当の私に足りないものを補い、修正することとされてきた。美人になるためには本当の私を偽ることも致し方ないと考えられてきた。そもそもメイクアップには穴埋めするという意味がある。かつては修正化粧という言葉も使われていた。足りないものを補う。コンプレックスの解消。それが化粧であり美容整形だった。しかし、90年代の「コスメの時代」を境に、劣等感の克服や異性に受け入れられることよりも、自己満足や心地よさ、「私遊び」のために女性たちは化粧や美容整形を行うようになった。そして、近年はデジタル上で編集された理想的な自己イメージに近づけるための手段として認識されているようだ。デジタル・イメージの私をフィジカルに再現する。フェアリーランドの住人たちにとっては、化粧も美容整形もあるべき私になるためのちょっとした魔法にすぎないのかもしれない。

5 リモート時代の化粧 ――「本当の顔」信仰を超えて――

化粧や美容整形がデジタル・イメージの私をフィジカルに再現することとなれば、アンチエイジングの意味あいも変わってくるだろう。フェアリーランドにはいつまでも歳をとらないピーターパンやティンカー・ベルが住んでいるが、現実の世界にもティンカー・ベルは出没し始めている。

美容医療は日に日に進化し、比較的簡単に外見の年齢を止めることは可能になりつつある。最新の美容皮膚科学の成果をもってすれば、一生、白雪姫で生きていくことも絵空事ではないのだ。よって、「時を恐れず、鏡に微笑んでいたい 40代50代の美容バイブル」を掲げる化粧情報誌『美ST』(光文社)では、毎号最新の美容医療がかなりの紙幅を割いて特集される。そこでは最新のマシンによる施術が事細かに紹介されている。1回の施術費用は5万円から30万円まで。効果は半年から1年。決して安いとは言えないが、エルメスのバッグに比べれば「安い」かもしれない。かくして、「美魔女」のお値段がブランドバッグと天秤にかけられることになる。

　だが、一生ものを謳うエルメスのバッグに対し、美容医療の効果は長くて半年から1年だ。「美魔女」を継続するには、コストをかけ続けなければならない。どこまで、いつまで美容医療を行うのか。美容医療は持続可能とは言えないかもしれない。アンチエイジングはサステナブルではないのだろうか。

　やはりエイジングには抗うべきではない。このような声に応えるかのように、「大人女子」を世に広めた宝島社『GLOW』と朝日新聞はタッグを組み、加齢に対する新しい価値観を提唱する「Aging Gracefully——わたしらしく輝く——」というキャンペーンを2019年から行っている。


　人生100年といわれる現代。40代、50代女性が主役となる時代がやってきました。

　そんな中、欧米では「Aging Gracefully（=優雅に年齢を重ねる）」

　という概念がすでに浸透しつつあります。

　私たちは「Aging Gracefully」を優雅なだけでなく、

　『わたしらしく、ゆるっと、優雅に輝く』と解釈し、
　加齢に対する新たな価値観として、日本での浸透を目指します。

（Aging Gracefully——わたしらしく輝く——公式サイト https://aginggracefully.asahi.com/about/）

優雅なだけでなく、「わたしらしく、ゆるっと」を加えたのが、注目すべき点である。近年のファッションやライフスタイルの傾向にも共通する、がんばりすぎない、エフォートレスな志向が「ゆるっと」に表現されている。またエイジングに対しても、美魔女のように真っ向から挑む（抗う）のではなく、「ゆるっと」対峙する。それは、加齢を「ありのまま」に受け入れ、ポジティブに捉えるということなのだろう。

そのわかりやすい例が、いわゆる「グレイヘア」である。一昔前ならば老いの象徴としてとらえられていた白髪は、「グレイヘア」という名を与えられたことで新たな価値観を生み出した。アナウンサーの近藤サトによる『グレイヘアと生きる』（SBクリエイティブ 2019年）では、白髪を染めないという決断を通して「脱・美魔女」という新しい生き方を提案している。グレイヘアは私らしさの表現であり、「年齢を受け入れることの、すがすがしくも、颯爽とした生き方」なのだと言う。

「グレイヘア」が女性の白髪に対するネガティブなイメージを払拭したことは評価に値するが、「すがすがしくも、颯爽とした生き方」といった必要以上の賞賛は逆に白髪を染めることに対する否定的な感情をもたらすのではないだろうか。

ここには「ありのまま」であることをよしとする価値観、加齢に抗うことは好ましくない、もっと言えば「本当の私」を偽ることだという価値観が見え隠れする。美魔女がバッシングを受けるのも年齢や「本当」の顔を隠しているからだろう。ありのままの「私らしさ」を覆い隠していると考えられているからだろう。

だが、テクノロジーが進化し、自己イメージをデジタルでも編集する意識が広がりを見せるなかで、時代とともに「私らしさ」の意味あいもまた移り変わっていることに注意しなければならない。「私らしさ」は飾らない私や「本当の顔」とイコールではない。前述のように、盛った私、イメージとしての私が「私らしさ」の場合もある。

ぼくが、盛った自撮り写真をくさすことに賛同できないのは、その根底にある「ほんとうの顔信仰」とでも呼ぶべき態度に、何やら優生学的な匂いを感じてしまうからだ。SNSに流れる写真の奥に、読み解くべき内面などないのに。「顔はその持ち主の内面を表現する」という考え方は今でも取扱注意の危険物だ。（大山 2020：109）

さまざまなテクノロジーの進化によりせっかく、顔を着替える自由を得たはずなのに、服のように簡単に顔を脱げるようになったはずなのに、私たちはまだどこかで「本当の顔」を求めている。解き放たれた顔と人格を無理矢理たぐり寄せ、結びつけようとしている。未だに「顔はその持ち主の内面を表現する」と考えられているからこそ、美魔女がバッシングされ、「グレイヘア」が必要以上に礼賛されるのではないだろうか。

会うことがデジタル化されたリモート時代の私たちが手放すべきは「ほんとうの顔信仰」なのではないか。「本当の顔」など、どうでもよいではないか。そう言えたときに、本当の顔遊び、「私遊び」が始まるのではないだろうか。

第2章

誰もが美人の時代

――美の民主化がもたらしたもの――

米澤　泉

Ⅰ 美人は誰でもなれる
――変化する美意識――

2012年に公開された蜷川実花監督の映画『ヘルタースケルター』の冒頭シーンは、渋谷と思しき街で制服姿の女子高生たちが、ドラッグストアの夥《おびただ》しいつけまつげを物色しているところから始まる。このシーンは何を表わしているのだろうか。女子高生がごく普通に化粧をする時代になったこと。つけまつげが幅広い世代に気軽に使われる化粧アイテムになったこと。ドラッグストアという日常的な場所に化粧品が溢れていること。つまり、すでに身だしなみの域を遙かに超えたコスメの時代が到来していたということである。

岡崎京子が原作のマンガ『ヘルタースケルター』を連載していたのは、90年代半ばであり、まだコスメの時代は始まったばかりだった。しかし岡崎は、その萌芽を敏感に察知し、10年後を予言するかのように全身整形美女を主人公にした作品を描いた。岡崎のセンセーショナルな作品は衝撃を持って受け止められ、当時も非常に話題になったが、受け手の実感が伴っていたとは言いがたい。全身を整形することでトップモデルに上り詰めたヒロイン「りりこ」に共感する女性たちはあくまでも少数派であった。芸能界という特別な世界の出来事として、どこか絵空事として受けとめられていたようだ。しかし、それから約20年の時を経て、蜷川実花が沢尻エリカを主役に実写化すると、「女の、女による、女のための映画」（斉藤 2012：90）は若い女性を中心に支持され、大ヒットした。蜷川が原作よりも映画版でいっそう強調した「きれいになれば、強くなれる」というメッセージが多くの女性の心をつかんだのだろう。「りりこ」の物語は遠い世界の出来事ではない。私もまた「小さなりりこ」なのだと、ポストコスメの時代を生きる女性たちが実感するようになったからではないだろうか。

いつの時代も女性たちは美しさを手に入れようと熱心に化粧してきた。だがそれは、決して「強くなる」ためではなかった。世界に先駆けて化粧が一般庶民に普及したと言われる日本では、江戸時代後期から『都風俗化粧伝』に代表される指南書が、化粧すれば美人になれると説いてきたがそれはいったい何のためだったのか。

この化粧伝は、化粧の伝、身の動静《とりまわし》の秘事を洩らさず出だしぬれば、たとえ醜き顔容《かおかたち》、あるいはいかほどあしき難癖ありとも、この書を得てその法のごとく仮粧《みじまい》なし給わば、たちまち紅唇白玉《たま》をふくみ、紅瞼明珠を耀かし、翠の眉緩くまとい、雲の鬢《びんずら》儼《おごそか》かに、花の容、月の貌《かんばせ》、百媚百嬌をそなう美人となさしむること、何のうたがう処かあらん。
（『都風俗化粧伝』10）

顔貌にどんなに欠点があっても、この本で紹介されるとおりに化粧をすれば美しくなれる。江戸時代からメディアはこのように女性たちを焚きつけてきたわけだが、なぜそこまでして美しくなることが求められたのだろうか。あるいは、女性たち自らが必死に美人になろうとしたのだろうか。

もちろん、当時の女性たちには「婦容」という女の徳を心得る大義があった。「身清ければ心自ずから正しく」あるために、「晨に起きては日々に鏡にむかい、顔に化粧し、容儀をつく」（103）らねばならなかった。

とはいえ、そこには、「奥ゆかしく、人の心ばえ、さぞとおしはかられ、氏なりて玉の輿にのる立身出世もなる」（106）という野望も含まれていただろう。あわよくば、楊貴妃のような「百媚百嬌をそなう美人」になって、「はからざる立身出世」をすることも可能なのではないだろうか。女は美しくなれば、地位と権力のある男に選ばれる。「上昇婚」できるのだ。

文芸評論家の斎藤美奈子は明治以降の女性の生き方を論じた『モダンガール論』において、「女の子には出世の道が二つある——社長になるか、社長夫人になるか」（斎藤 2003）だと述べている。だが、社長になる道が本格的に開けたのは昭和も終わりに近づいた１９８６年、男女雇用機会均等法の施行以降の話である。それまでは、社長夫人になるのが女の人生すごろくのあがりだったと言っても過言ではない。そのためには相も変わらず男性から選ばれるような「百媚百嬌」の美人でなければならなかった。結婚とは詰まるところ「経済《カネ》と美《カオ》の交換」（小倉 2003：103）であると心理学者の小倉千加子も言っている。

ところが、男女雇用機会均等法ができて10年も経つと、女性たちは男性に選ばれるような

「百媚百嬌」美人になるよりも、自分自身が理想と思う美人になりたいと考えるようになった。理想的な人形《フィギュア》になった私に萌える――コスメの時代以降の女性たちは「なりたい私になる」ために、化粧や身体改造にいまだかつてないほど熱心に取り組むようになったのだ。メイク魂に火がつけば、もう身だしなみや欠点を修正する化粧ばかりではない。女性たちの意識は「なりたい私になる」から、ついには本来「あるべき私になる」というところまで来ている。

なぜ、現代の女性たちはコスメやアプリや美容医療を駆使して自分のためにきれいになろうとするのだろうか。貪欲に美しさを追い求めるのだろうか。かつては男性に選ばれるためという大事なミッションがあったが、それはもう過去のことになりつつある。そもそも玉の輿に乗ろうとしても、共働き世帯がスタンダードになった21世紀には絵空事でしかないだろう。男性たちは『男がつらいよ』（田中 2015）と言い始め、重すぎる男性の役割にプレッシャーを感じている。実際のところ妻子を養い「大黒柱」となる「男らしい」男性も見つけるのが難しいだろう。モテるためにメイクやファッションで着飾ったところで、徒労に終わる可能性が高いのだ。それよりも、自分の力で立ち、自分の好きな格好をした方がいい、自分の好きな顔になった方がいい。「28歳、一生〝女の子〟宣言！」（『sweet』１９９９年創刊、宝島社）した女性たちは、「好きに生きてこそ、一生女子！」（『GLOW』２０１０年創刊、宝島社）と言い始めた。「この国の新しい女性たちは、可憐に、屈強に、理屈抜きに前へ歩く。」（宝島社企業広告「女性だけ、新しい種へ。」２００９年）。きれいになれば、強く生きていけるのだと言わんばかりに。

こうして、「きれいになれば、強くなれる」と思いだした女性たちが、自分が自分に納得するために、自分自身を鼓舞するために化粧をするようになった。あるいは、美しい人形になった私にうっとりするために、私に萌えるために化粧をするようになったのだ。「武装と仮装」――私を取り巻く世界に果敢に立ち向かい、傷ついた自分自身をいたわり癒すために。

よって、同じ「つけまつける」という行為も、足りないまつげを補うのではなく、欧米人に近づけるためでもなく、「つけるタイプの魔法」をかけるために行なうようになった。make up（穴埋め）ではなく、came up（気分を上げる）なのである。欠点を穴埋めするのではなく、私自身の気分を上げるために女性たちは「つけまつける」のだ。

しだいに、身だしなみ、女の嗜みだった化粧は、自己表現や自己プロデュースの手段へとシフトし始めた。メインカルチャーの部品だった化粧はサブカルチャーとして炸裂していく。

サブカルチャーとしての化粧が広がるにつれて、生まれながらに備わった容貌もそれほど重要ではなくなっていった。もう、身体に手を加えることは、欠点を隠すのではなく、自己プロデュースの一環なのだから、遠慮することはない。火がついたメイク魂は留まるところを知らない。マスカラの三本重ねは「つけま」（つげ）へ、そしてマツエク（マツゲエクステンション）へ。ただのマニキュアはよりハードなジェルネイルへ。瞳を大きく見せるカラコン（カラーコンタクトレンズ）も必須アイテムとなり、身体とコスメはますます一体化していった。もうどこからが私の身体なのか装着した化粧品なのかわからない。20年前より、10年前より私たちの身体はずっとずっと「りりこ」に近づいたと言えるだろう。

その結果、何が起こったのだろうか。なんと、世界が日本の女の子をお手本にし始めたのだ。アニメのヒロインがリアルに住む国として、「ニッポン・ビューティー」が注目を集めるようになったのだ。明治以降、目が大きく彫りの深い西欧人に憧れ、顔の近代化を推し進めてきた日本人であるが、２０００年代に入ってクール・ジャパンという言葉が使われ始める頃から、欧米人がむしろ日本人の顔に憧れるという傾向が見受けられるようになっていった。２００８年に外務省のカワイイ大使にも選ばれたロリータモデルの青木美沙子に向かって、フランスの女の子たちが「カワイイ」と叫ぶようになったのだから。

彼女たちは、こう思う。

「なぜ私の顔は、この顔ではないのだろう……」

かくして、彼女たちにとっては日本人の青木美沙子こそが「カワイイ」の象徴になっていく。（櫻井 2009：23）

カワイイは持って生まれたフラットな顔にさまざまなメイクを施すこと＝自己プロデュースによって生まれる。むしろ、自己プロデュースされたフラットな顔こそ「カワイイ」のであって、「カワイイ」は作られるものなのだ。逆にもともと彫りが深く介入の余地があまりない西欧人の顔は、「カワイイ」を作りにくいと言える。顔のイメージを変えるのが難しく、自己プロデュースしにくいからである。だから、ロリータファッションを身につけたフランスの女の子たちは、「日本人の顔になりたい」と願うのだ。リアルなフランス人形である自分の顔よりも、青木美沙子の顔の方がずっと「カワイイ」からだ。よりフラットな顔に「つけまつけ」て「カワイイ」を作り出したきゃりーぱみゅぱみゅが、クール・ジャパンの象徴として世界で評価されたのも当然のことかもしれない。

まさに「カワイイはつくれる」というキャッチコピーを掲げて、花王の主力へアケアブランド「エッセンシャル」がリニューアルされたのは、２００６年のことであった。「カワイイはつくれる」という惹句は多くの女性の心を捉え、２０１０年までの間に中川翔子や佐々木希といった正統派の「カワイイ」タレントだけでなく、南海キャンディーズのしずちゃんや山咲トオルといった幅広い層からなる「かわつくメンバー」がＣＭに登場し、さまざまな「カワイイ」を作りあげた。いったい「カワイイ」とは何を意味するのだろうか。

今の20代の女性にとっては、「カワイイ」が最高のほめ言葉である。「カワイイ」には「好き」という意味が含まれている。「好き」でなくとも「キレイ」とは言えるが、「好き」でなければ「カワイイ」とは言えない。「キレイ」は他人目線の言葉であり、「カワイイ」は自分目線の言葉である。また、誰もが「キレイ」になれるわけではないが、「カワイイ」にはどんな人でもなることができる。（守口・中川 2008：92）

ここでは、エッセンシャルのCMをもとに、「カワイイ」は主観的な「好き」を重視する自分目線、「キレイ」は客観的な基準を重視する他人目線の言葉という分析がなされている。まさに、女子の女子による女子のための美意識が「かわいい」なのだろう。『「かわいい」の帝国』の著者である古賀令子もかわいいファッションは『男性受け』を意識することなく、女の子自身の個人主義的な、あるいは同性の共感を重視する価値観」（古賀 2002：87-88）であると指摘している。

もちろんそれは、90年代の半ば以降の女性たちが、男性に選ばれるために美人（キレイ）になるのではなく、自分がなりたい美人（カワイイ）をめざすという流れと合致している。

「エッセンシャル」に先駆けること、2004年に『an・an』は「美人は誰でもなれる！」という特集を組んでいる（2004年10月13日号）。そこでは、1980年代からキャリア、結婚、子どもと女性が欲しいものをすべて手にしてきた作家の林真理子が、ついに美をも手に入れたとばかり読者に向かってアドバイスしている。「美人になれる！その思い込みが、あなたを輝かせる！」そう、美人になるには「美人になれる」という思い込みが最も重要だというわけだ。なんと言っても、「一九九九年、私がまだ手にしていないものは美貌だけであった」と言い放ち、一念発起して「美女入門」（林 1999）した結果、すっかり「美女」の仲間入りをした大御所が、太鼓判を押しているのだから。もう、誰もが「美女入門」するしかないだろう。

すなわち2000年に入った頃から、美人は生まれつきという動かしがたかった「常識」が揺らいだと言えるのではないか。それまでは生まれつきだったからこそ、そのように生まれついていないものは、努力せねばならなかった。不足を補わなければならなかったのだ。だが、もはや美とは獲得されるものである。万人が努力の末にたどり着くところなのだ。人は美人に生まれるのではない。美人になるのだ。美のカリスマとして一世を風靡した叶姉妹も君島十和子も言っている。「美は一日にしてならず」と。

藤原紀香も『紀香バディ！』(講談社、2007年)で「目覚めよ、女！　ボディは自分でつくるもの」「女はみんなダイヤの原石　磨き上げて愛でるもの」と断言している。ベストセラーになった『紀香バディ！』では、趣味は女磨きを自認する彼女が、日頃から美しくなるためにあらゆる努力を隠さない姿が公開されている。まるでアスリートが独自のトレーニングやメソッドを公開するように、自らの手の内を明かしている。それだけではない。健康優良児だった少女時代、モデルとしてはぽっちゃりしていた20代を経て、完璧な「バディ」をつくりあげるまでの奇跡が惜しげも無く開陳されているのだ。

こうして、「美人」が生まれながらに備わった顔貌によって造形的に規定されるものというよりも、後天的な努力によっていかようにでもつくりあげられる可塑的なものだという意識が広まっていった。「美人」女優が涼しげな顔で「何も特別なことはしていないんですよ」と答えた時代は過去のものである。美人と言われる人はみんな努力している。女優もモデルもタレントも一般人も。美人とはむしろたゆまぬ努力をした人に与えられる称号なのだ。ひたすら『「美人」へのレッスン』（斎藤 2002）あるのみである。

ただ、理想とされる身体や顔、そして「美人」は、常に変化している。藤原紀香の人気が高かった2000年代後半は、バストやヒップを強調する女性らしさ全開のボディが理想とされたが、2010年代に入り、とりわけ近年は「腹筋女子」「筋肉女子」（米澤 2019）という言葉も広まっているように、腹筋が割れるぐらい筋トレで鍛えたボディを誇示する女性たちが増加している。マラソンで鍛えたモデルの長谷川理恵はその先駆けであり、モデル兼トレーナーのAYAなどがブームを牽引しているが、「肩から二の腕にかけてのキリリとしたライン」「しっかりと大地を捉える強さと意志を感じさせる脚」（『FRaU』2014年6月号）という具合に、「筋肉女子」は後天的な努力によってしか到達できない「美人」の代表である。「戦利品として得られる〝脱げるボディ！〟」――努力の賜としての身体を持っていることが今どき「美人」の証なのである。さらに、彼女たちが今までは男らしさの象徴とされてきた筋肉を誇っていることも特筆すべきだろう。理想とされる美もまたジェンダーレス化しているのだ。

一方、「筋肉女子」の対局にあるのがふくよかな「ぽっちゃり女子」である。「ぽっちゃり女子」が注目され始めたのも2010年代に入ってからのことだ。2013年にはお笑いタレントの渡辺直美をイメージモデルに「ぽっちゃり女子」のためのファッション誌『la farfa』が創刊された。誌面を飾るモデルたちは、みな従来のスリムなモデル体型ではなく、ふくよかな肢体に服をまとっている。その頃から渡辺がプロデュースするブランド「PUNYUS」からニッセンの「スマイルランド」まで「ぽっちゃり女子」を対象にしたアパレルブランドも増加した。ファストファッションブランドのH＆Mが水着キャンペーンに平均より大きいプラスサイズのモデルを起用したのも２０１３年のことである。このように、２０１０年代前半からファッションショーや広告ではプラスサイズモデルが市民権を得始めていたが、２０１５年にフランスで痩せすぎモデルを雇用した場合に罰金や禁固刑が課される法案が可決され、２０１７年より施行されたことがより追い風になった。これを受けて、数多くのハイブランドを擁するLVMH（モエヘネシー・ルイヴィトン）グループやケリンググループは、撮影やファッションショーの際に、痩せすぎのモデルの採用を禁止するようになった。そこにはファッションモデルの待遇と労働環境改善に加えて、痩せすぎモデルに憧れる若者を防止するねらいがある。ファッション界におけるこういった流れも女性たちが従来のように一元的ではなく、多様化した理想的な顔や身体イメージを構築し、自分の「個性」を表現することが美につながるという考え方（ボディポジティブ）を浸透させるのを後押ししたと言えるだろう。

こうして、化粧や身体加工は絶対的な美の規範に近づけるために自らの欠点を補う行為から、多様化した理想の顔や身体イメージに向かって自らをプロデュースする行為へ、「隠す化粧から作る化粧」へと移り変わってきた。自分の顔や身体はあくまでも素材にすぎない。答えは一つではない。どんな顔を理想とするのかどんな身体を目標とするのか。自分という素材をもとに、どんな料理をつくるのか。味付けも、盛り付けも、それはすべて自分自身の「主体的」な選択となりつつある。

2　顔は前からが9割 ——変化しない美意識——

ここまでは、化粧の目的や理想の美人像、そして美意識がどのように変化したのかを見てきたが、次に日本の化粧文化において変化していないもの、連綿と続く美意識に目を向けてみよう。

化粧が一般庶民に広まった江戸時代における美人の二大条件は「色白で中高」であった。色が白くて鼻が適度に高いこと、それが最も重要だった。その美意識の萌芽はすでに平安時代に見ることができる。『紫式部日記』にも、「色白で中高」を称揚する描写がある。

色白は現代でもよく使われる言葉であるが、鼻が高いことを中高《なかだか》とはあまり言わない。中高という言葉は、正面から顔を見たときに顔の真ん中が高いことに由来しているようだが、逆に顔の真ん中が低い、つまり鼻が低い場合は「中低《なかびく》」や「ぐるり高」と言われた。「ぐるり高」は鼻よりも周囲の方が高いという意味である。「中高」も「ぐるり高」も顔を正面から見ているからこそ、生まれてくる言葉である。私たち日本人は少なくとも平安時代以降、顔を前から見て美醜を判断してきたのであろう。

日本における化粧文化研究の泰斗であった村澤博人は、日本の伝統的な美意識は横顔よりも顔を正面から見る「正面顔文化」でなりたっていると述べ、横顔を重視する西欧の「横顔文化」と対比して次のように定義している。

「正面顔文化」の概念を「顔やからだの凹凸を減らし、存在感を（隠して、あるいは消去して）無にする」と定義したのに対して、「横顔文化」は「顔やからだの凹凸を強調して、存在感を（表して）明確にする」とした。（村澤 2007：272）

さらに村澤は、凹凸を減らす、増やすという概念を拡大して、正面顔文化と横顔文化の相違を説明している。正面顔文化は歌舞伎の白塗り化粧や平面的な着物、髪飾り以外の装身具の除去など、身体の存在感をできるだけなくして無にするような特徴を持っているが、一方の横顔文化は、シャドウやハイライトを使った立体的な化粧や腰のくびれを強調するコルセットに代表される下着やドレス、ネックレスやイヤリングなどの装身具によって身体の存在感をできるだけ際立たせるのが特徴である。

要するに顔や身体を平面的に捉えるか、立体的に捉えるかという相違は、顔を正面から見るか、横から見るかの違いによるということなのだ。確かに、西欧には顔を横から見るという伝統がある。古代エジプトの壁画からルネッサンス期の肖像画、エリザベス女王のコインに至るまで西欧には横顔が溢れている。一方、日本で横顔が本格的に描かれるようになったのは大正時代になってからと言われている。浮世絵には、有名な「見返り美人図」などがあるが、横顔だけが描かれたのではなく、全身像のなかでの横顔であり、横顔だけを大きく描いたものはほとんどない。このことからも、日本人は横顔にあまり関心を持っていなかったことがわかる。

だがそれはどうしてなのだろうか。西欧人に比べて平面的な顔立ちだからだろうか。もちろん、彫りが深く横顔が立体的な西欧人と比較すると、日本人はたとえ「中高」であっても、横顔にそれほど特徴がないかもしれない。しかし顔が平面的であるから、横顔を重視しなかったというように、短絡的に結論づけることはできない。同じく平面的な顔立ちである、韓国人や中国人はそれほどでもないからだ。村澤が１９９０年代に大坊郁夫らとともに行なった「日韓中美貌観比較研究」によれば、

日本人は韓国人にくらべると、正面から平面的に見る傾向があり、単一的な見方をしがちであること、逆に韓国人・中国人は正面のみならず斜め横も真横も見ており、多面的な見方をしている傾向が見られた。（村澤 2007：268）

ということである。とすれば、正面から顔を見るのは、日本人に特有の美意識ということになるのではないだろうか。それは、正面という言葉そのものにも現れている。正面は正しい面と書く。面《おもて》はイコール表である。正しい顔が正面なのだ。まるで、前から見た顔しか認めないとでも言わんばかりではないだろうか。実際、横顔を重視しないだけでなく、横取り、横やり、

横入り、よこしま、横領、という具合に、日本語の横という言葉にはあまりよい意味がない。あくまで正面が正しく、横は邪道というように考えられてきたということだろう。横面などは、「横っ面を張る」などと言われる始末である。あくまでも前から顔を見ることが、正しい見方だと認識されてきたことがわかる。

そのように考えると、伝統的な浮世絵美人が正面顔ばかりなのは当然のことだろうし、現代のプリクラや自撮り写真が、前からみた顔が基本となっているのも不思議なことではない。私たちは、顔を前から見るような正面顔文化の影響を未だ受け続けているのである。横や斜めから見るよりも、どうしても前から顔を見てしまうのだ。それは、明治維新から150年以上の時を経て、洋服やアクセサリーや立体的なメイクからなる横顔文化がすっかり浸透したと思われる21世紀の現在においても、正面顔文化が私たちの美意識を密かに支配しているからではないだろうか。

プリクラの顔や自撮りアプリのインスタ顔が、なぜ、あんなに平面的で奥行きを欠いているのか。不自然なまでにのっぺりしているのか。なぜ、あのように記号化されたフラットな顔に女性たちは惹きつけられるのか。そこに「美」を求めるのか。その答えの一つは連綿と続く正面顔文化にあるのではないだろうか。

だが、正面顔を重視するからこそ、さまざまな自己プロデュースも可能であるということを忘れてはならない。一般に、横顔を自己プロデュースすることはとても困難である。鼻の高さ、顎のくぼみ、凹凸を化粧によって作り出すことは特殊メイクでもなければ基本的に不可能だろう。しかし、前からならばいくらでも作れるのだ。いろんな顔になりやすいのである。正面顔は「盛り」やすいのだ。「盛り顔」を研究する久保友香によれば、化粧や画像加工によって「すごくかわいくない子がすごくかわいくなる」なるような「盛り」を日本の女の子は評価するという。それは「すっぴんの容姿」が評価される韓国の女の子にはあまり見られない特徴であるらしい。（久保 2019：328）化粧やテクノロジーよる劇的な変化を「盛る」という言葉で肯定的に捉えるのも正面顔文化の成せるわざではないだろうか。

それは現代美術作家の作品にも影響を及ぼしている。たとえば、写真家の澤田知子は、自らの顔を数多くの人物に変身させたセルフポートレート作品が特徴的だが、デビュー作の「ID400」では、化粧や髪型、服装を変えることによって400人もの人物になりきり、街頭の証明写真機で400人分の自らの写真を撮った（p.93参照）。「School Days」では、女子校のクラス全員に（先生にも）なりきって、卒業写真を撮っている。他にも、何人もの人物のお見合い写真の集積からなる「OMIAI♡」などが澤田の代表作として挙げられる。

「証明写真」「卒業写真」「お見合い写真」――それはすべて私たちの人生の中で「正式な写真」として扱われる写真であり、その多くは正面から撮られた写真である。正式ではないとされる横顔の写真ではない。仮面を意味する「MASQUERADE」（キャバクラ嬢50人に扮したポートレート）など澤田の作品は、基本的に前から撮られた写真、すなわち正面顔から成り立っている。正面顔だからこそ、４００人もの人物に変身することができたのだ。次々と顔を着替えることができたのである。横顔のプロフィール写真では自己プロデュースによる変身でこの人数になりきることは困難だろう。正面顔から成り立つものをテーマとして選んでいるからこそ、可能になった作品であると言うことができるのではないだろうか。

このように、現在の私たちは、自己プロデュースの名のもとに、簡単に脱げないと思われていた顔を脱ぎ、着替えられるようになった。いくつもの「私」を着ることができるようになった。「ID400」とまではいかなくても、少なくとも、今日の気分でなりたい私になれる時代となっている。そのことによって、「私」は終始一貫したアイデンティティや確固たる私を失ったのだろうか。内面という奥行きを欠き、存在自体がうすっぺらなものになってしまったのだろうか。仮にそうであったとしても、「私」はそのことを後悔したり、躊躇う必要はないだろう。今を生きる私たちは当然のようにいくつものキャラを使い分けているのだから。ＳＮＳのアカウントごとに違う「私」が存在するように、複数のアバターがいるように、ＩＤはいくつもあり、違う顔の「私」がいて当然なのではないだろうか。

一言でいってしまえば、私は化粧をする女が好きです。
そこには、虚構によって現実を乗り切ろうとするエネルギーが感じられます。そしてまた化粧はゲームでもあります。（寺山 1992：82-83）

寺山修司は半世紀近く前に化粧についてこのように述べている。化粧がメインカルチャーの部品として、身だしなみや修正化粧の域にとどまっていた時代に寺山はいち早く化粧のゲーム性を指摘していたのだ。それは、男性に選ばれるための「百媚百嬌」美人がまだ主流だった時代でもあった。

メイク男子が話題になり、サブカルチャーとしてのコスメが浸透した現在、化粧というゲームは当然のごとく虚構が現実を凌駕し、女性たちはテクノロジーを駆使して自分のなりたい美人になる時代となった。しかし、長年日本の化粧において守られてきた伝統的なルールが存在する点は変わらないようだ。それは、澤田の一連の作品でも明らかなように、前から顔を見るというルールである。化粧による自己プロデュースは正面顔文化を抜きには成り立たないものなのだ。

日本人の「奥行きを欠いた顔」に自己プロデュースを施した顔が世界的にカワイイという賛辞を得たが、そもそもクール・ジャパンとは、この他に類をみない正面顔文化への憧れが形を変えて表出したものなのかもしれない。

3　多様性がもたらした美の民主化

こうして誰もがなりたい美人に、なりたい「私」になる時代がやってきた。だが、その「美人は誰でもなれる」の「誰でも」からつい最近まで完全に抜け落ちていた人びとがいる。それは障がい者である。長年にわたって、障がい者は美やファッションの世界からことごとく排除されてきた。１９５９年のデビュー以来、世界一有名なファッションドールとして親しまれている「バービー」だが、車椅子に乗ったバービーや義肢のバービーが発売されたのは、つい最近、２０１９年のことだ。

バービーは、ファッションだけではない、多様性〝ダイバーシティ〟（性別、人種、職業、体型など）を表現し、未来に向かって自分らしく進んでいく女性とともに歩んでいます。小さな女の子から大人まで全ての女性にとって、時には憧れの存在でもありながら、今までも、そしてこれからも、一人一人が持つ可能性を一緒に支えていきます。バービーは、これまでも約２００種類以上の職業や、インスピレーションを与える数々の人物像、数え切れないほどのファッションやアクセサリーを通じて、女の子の〝可能性〟を提示してきました。女の子とその両親に提供する〝可能性〟を広げようとする“You Can Be Anything”の取り組みを続けています。

（マテル・インターナショナル公式サイト https://mattel.co.jp/toys/barbie/）

“You Can Be Anything”（何にだってなれる）そのコンセプトにしたがって、多様性を示して

多様性を表現する個性豊かなバービー人形

きたマテル社では、さまざまな肌の色のバービーやプラスサイズをはじめとする多様な体型のバービーを発売している。そして、発売60周年を期に満を持して登場したのが車椅子に乗ったバービーだった。専門家の協力のもとで制作された車椅子バービーは、カラフルなストライプのトップスにジーンズというスポーティなファッションに身を包んでいる。自然に車椅子に座らせることができるだけでなく、付属のスロープをドールハウスなどと組み合わせることで、バリアフリーのごっこ遊びが楽しめるというが、ごっこ遊びだけでなく、ファッションもまたバリアフリーになったことを車椅子バービーは示しているのではないか。

もちろん車椅子バービーだけではない。

車椅子のバービー人形

ここにきてようやく障がい者と美やファッションが積極的に手を取り合い始めた。その嚆矢になったのは、２０１５年のニューヨークファッションウィークにマデリン・スチュアートというダウン症のモデルが登場したことだ。20キロのダイエットに成功し、ＳＮＳの人気から本格的なモデルのキャリアを手に入れたマデリン・スチュワートには、今や世界各国のランウェイや『VOGUE』などのファッション誌からオファーが殺到する。２０１７年にはアメリカの『Forbes』誌でファッション界にダイバーシティをもたらした人物に選ばれている。

マデリンの活躍が呼び水となったのだろう。化粧品の広告にも続々とダウン症モデルが起用されるようになった。２０１９年にはLVMHグループ傘下の化粧品ブランド「ベネフィット」が新作アイライナーの広告に、ダウン症のモデルであるケイト・グラントを登場させた。ベネフィットは双子の姉妹ジーン＆ジェーン・フォードによりサンフランシスコで創業されたブランドで、独創的なネーミングと夢のあるパッケージが人気を博している。「全ての女の子の美容に対する悩みを解決する」ことをベネフィットはミッションにしているだけに、いち早くダウン症モデルを起用したのだろう。

さらに２０００年には、イタリア版『VOGUE』とハイブランドであるグッチの化粧品のタイアップ広告にエリー・ゴールドスタインという18歳のダウン症モデルが起用された。グッチのような著名なブランドがダウン症モデルを「顔」として使うことで、影響力はかなりのものとなることが予想される。

また、ドクターズコスメの代表的なブランドである「Obagi」も、２０２０年秋から24歳のダウン症モデル、グレース・ストローベルを起用し、すべての個人の中にある美しさを見極めるための意識的な選択ができるようにすることを目的としたプロジェクト“SKINclusion”を展開している。アメリカでスキンケアブランドがダウン症モデルを起用するのははじめてのことだというが、今後はそれも特別なことではなくなっていくだろう。

このように近年、ファッション界におけるダウン症モデルの躍進がめざましい。今までファッションの世界から排除されていた障がい者が、モデルとしてショーや広告に登場する。それは、多様な美の発信であり、新たな価値観の提示となるだろう。

また彼女たちの活躍により、すべての障がい者はようやくファッションの扉を開かれた。

20世紀末に登場したファストファッションは、低価格でいつでもどこでも誰でも流行のファッションを楽しめるようになったことからファッションを民主化したと言われた。しかし、その「誰でも」に障がい者が含まれていたと言えるだろうか。それはあくまでも健常者が享受するものという暗黙の了解を含んでいたのではないだろうか。すべての人がファッションを楽しんでこそ、本当にファッションが民主化したと言えるのだ。

ファッションは健常者だけが享受するものではない。21世紀に入って20年近く経ち、やっと誰もがファッションを享受できる時代が訪れたと言えるのではないだろうか。

多様性、多様な美と言いながらも、今までは建前的なところがあった。だが、障がい者が健常者と同じようにおしゃれを楽しむ姿を通して、多様性を尊重する考え方が建前ではなく視覚的に伝わっていく。

誰一人取り残さない社会へとはいうものの、今までは障がい者とファッションはなかなか相容れなかった。だがSDGs的な視点に立つならば、モデルを障がい者だから起用するのではなく、フェアな扱いであることが求められる。肌の色や体型と同じく、それぞれの個性として認めることが必要だ。

グッチ・ビューティの公式インスタグラムには、肌の色や障がいの有無にとらわれないさまざまなモデルの写真が並んでいる。ようやくファッション業界も建前ではない多様性を受けいれるようになってきたのではないか。

欧米でのファッション分野における多様性尊重の流れを受けて、日本でもようやくダウン症のモデルが注目され始めている。2020年12月に朝日新聞でインタビュー記事が掲載されたダウン症モデル菜桜さんも、ＳＮＳでの人気がきっかけで、モデル活動を始めることになった。特別支援学校高等部に通う菜桜さんのインスタグラムのフォロワー数はすでに１万人を超えている。投稿には、「かわいい」「素敵」などのコメントが並ぶ。「現在はまだ、国内での活動に留まるが、夢は海外でのショーに出演すること」だという（２０２０年12月25日付朝日新聞夕刊大阪本社版）。

日本ではまだ大手企業や著名ブランドがダウン症のモデルを起用する例は見られないが、今後は影響力のあるブランドが障がいのあるモデルを積極的に起用する動きが、波及することが予想される。

もちろん、このような多様化の動きには、広告ビジュアルにインパクトを打ち出すための市場戦略的側面があることは否めない。また、多様性に対する理解を示すことで、起業やブランドイメージをアップさせるねらいもあるだろう。

おそらくプラスサイズモデルやダウン症モデルが当たり前の見慣れた存在になったときに美の多様性の真価が問われるのではないか。『VOGUE』×グッチのマスカラ広告を手掛けた写真家のデイビッド・ハイドは、「美はどこにでもあり、すべての人の中に存在する」(Buzz Feed News https://www.buzzfeed.com/jp/hanashimada/models-for-everyone）と述べている。誰もが対等な存在として、美の発信者になり、ファッションを享受する社会へ。建前ではない美の多様性、美の民主化がいっそう広がろうとしているのは事実である。

4 揺らぐ美人コンテスト

美の多様性は一方で、従来の「美の規範」を作り出していたものに対して、疑問を投げかける。その代表的なものが、いわゆる美人コンテストだ。美が多様なものであるならば、「どこにでもあり、すべての人の中に存在する」のならば、一堂に並べて序列をつけることはできない。「みんな違ってみんないい」からだ。公の場で他者の容姿を評価する美人コンテストも開催する意味がなくなっていく。

だがそんなに簡単にコンテストは消滅しない。中には中止に追い込まれたものあるが、美の多様性と美を序列化することの折り合いをつけた結果、なるべく容姿を競わない美人コンテストが開催されることとなる。容姿を基準に序列をつけることへの反発を考慮した結果なのか、年を経るごとに容姿以外の要素も評価されるようになっていくのだ。１９５０年から行われているミス日本（一般社団法人ミス日本協会主催）コンテストの歴代グランプリ受賞者一覧を見ても、学歴というわかりやすい指標がコンテストに影響を及ぼしてくることが窺える。１９９０年代の半ばから東京大学、早稲田大学、慶應義塾大学などに在学中か出身者が目立ってくるのだ。また、英検１級、TOEIC ９９０点、元アーティスティックスイミング日本代表、父が野球選手や政治家など、容姿とは関係のない「一芸」や話題性が評価の対象とされているかのような結果になっている。

ミス日本コンテストは「日本らしい美しさ」を磨き上げ、社会で活躍することを後押しする日本最高峰の美のコンテストです。美しさとは見た目の容姿だけでなく、心の持ちようや社交性など幅広い人間性が問われます。

（中略）

将来の夢にむかって心身を鍛錬し行動すること、それこそが美しさであり、輝きの源泉です。未来に羽ばたく強い意志を持った女性に、ミス日本の冠を贈ります（ミス日本公式サイト（ミス日本公式サイト https://missnippon.jp）

ミス日本協会によれば、「内面の美・外見の美・行動の美」の3つの美を備えることを「日本らしい美しさ」と表現するらしい。「内面の美」をコンテストでどのように審査するのかはわからないが、それはともかく、「外見の美」は「美しさ」の三分の一にすぎず、「日本最高峰の美のコンテスト」が「美しさとは見た目の容姿だけでなく、心の持ちようや社交性など幅広い人間性」だと断言していることが重要である。さらに「将来の夢にむかって心身を鍛錬し行動すること、それこそが美しさであり、輝きの源泉」であると言う。それが学歴や語学力、運動能力、社会資本なども含めた現代の「美」の基準なのだろう。要するに、見た目だけで選んでいるのではないとはじめに断わってからでなければ「美人コンテスト」が開催できない時代になったとも言うことができる。

一般の美人コンテストですらこうなのだから、大学のミスコン（ミスキャンパス）などはもっと開催しにくくなってくる。２０２０年は大学のミスコンが再び物議を醸した年だった。もっともミスコンは、フェミニズムが高まりを見せる１９９０年代からたびたび批判されてきた。女性だけが容姿で評価されることに対して、とりわけ未婚の若い女性が水着やウェディングドレス姿で品評されることを問題視したのである。コンテストという場で美を競い合うことによって評価され、商品化され、消費される女性たち。「年齢」と「容姿」こそが女性の価値であると言わんばかりの美人コンテストなど人権侵害であり、なくなってしかるべきだというわけだ。

ところが、フェミニズムのバックラッシュがおき、女性だけでなく、キャンパスでミスターコンテストも同時に開催されるようになると、コンテストに対する反対運動も下火になり、多くの大学では何事もなかったかのように行われ続けた。むしろ２０００年代に入ってからは、ミスキャンパスが女子アナウンサーになるための登竜門とされ、著名大学のコンテスト優勝者がアナウンサーになるケースが増加した。ミス〇〇大学から〇〇テレビのアナウンサーになることで、「美人」としての看板にいっそう箔が付くと考えられるようになったのだ。確かに滝川クリステルも田中みな実も「ミス青学」出身だ。

もっとも法政大学のように、ダイバーシティの観点からコンテストの開催を認めていない大学もある。

本学では、２０１６年６月に「ダイバーシティ宣言」を行いましたが、ダイバーシティの基調をなすのは「多様な人格への敬意」にほかなりません。「ミス／ミスターコンテスト」のように主観に基づいて人を順位付けする行為は、「多様な人格への敬意」と相反するものであり、容認できるものではありません。また本学では、自主法政祭実行委員会（市ヶ谷地区）が大学祭に際して掲げてきた「基調・理念と諸問題」という文書の中で、「ミスコン」に対し以下のような見解を長年にわたって示してきました。「ミスコン」とは人格を切り離したところで、都合よく規定された「女性像」に基づき、女性の評価を行うものである。これは極めて先見性に富む見解であり、本学学生が主体的にこれを提示し、「ミスコン」の開催を認めない姿勢を貫いてきたことは本学の誇るべき伝統と言えるのではないでしょうか。

（法政大学「ミス／ミスターコンテスト」について https://www.hosei.ac.jp/NEWS/gaiyo/191129/?auth=9abbb458a78210eb174f4bdd385bcf54hosei.ac.jp）

法政大学は、一貫して学内でのいわゆるミスコンを行ってこなかったようだが、ここにきて他大学にもその流れが波及している。大学のミスコンは再び立ち止まり始めているのだ。しかも、長年にわたってコンテストを開催し、多数の女子アナを輩出してきた青山学院大学や上智大学が従来のコンテストのあり方を疑問視し、新たなコンテストを打ち出している。青山学院大学はエントリー資格に性別を問わないコンテストを開催し、上智大学に至っては、伝統あるミス・ミスターソフィアコンテストを廃止し、代わってソフィアンズコンテストを設置した。鳴り物入りで開催されたソフィアンズコンテストは従来のコンテストとどのように異なるのか。サイト上には以下のような文言が並ぶ。

全上智生から選ばれた候補者が、ソフィア祭までの活動期間の中で**自身の魅力と社会課題を発信するインフルエンサーとしての活躍**を競います。

このコンテストでは、従来のミスミスターが持っていた課題を理解した上で、見える上智生として**上智大学の魅力を伝え**、**社会で活躍する人財を輩出すること**を目指しています。

第一回ソフィアンズコンテストの
テーマは「**sparkle**」です。
多様性を尊重するコンテストの理念のもとで
候補者一人ひとりがありのまま輝いてほしい
また変革したこのコンテストが、

ジェンダーをはじめとした社会課題を発信し
広く議論を起こすための
「spark」（火付け）になってほしい
という願いが込められています。

（ソフィアンズコンテスト2020 https://sopians2020.mxcolle.com）

ミス・ミスターソフィア時代と大きく異なるのは、やはり自身の魅力に加えて「社会課題を発信するインフルエンサーとしての活躍を競う」ことだろう。よって、ソフィアンズコンテストでグランプリに選ばれるためには、自己ＰＲ部門、スピーチ部門、ＳＤＧｓ部門でそれぞれ「多角的に活躍」しなければならない。自己ＰＲ部門には容姿が関係してくるだろうが、スピーチ部門、とりわけＳＤＧｓ部門に至っては全く関係がない。本選当日のスピーチ力やＳＮＳ上での自身の問題意識に沿った社会発信が問われるからだ。

それらの基準を勝ち抜いたファイナリストには女子学生４名、男子学生２名が選出された。とはいうものの、２０２０年11月３日の本選でグランプリに選ばれたのは、地球環境法学科に在籍する女子学生であり、ＨＰ上の数枚の写真を見る限り、そのポージングや発信されているイメージはいわゆる「アイドル」と変わりない。しかも彼女はすでに「ユニドル」（UNIDOL：University Idol の略）という大学生のアイドルコピーダンスサークルの活動も行っているという。

グランプリも含めてファイナリストに選ばれた4名の女子学生はみなロングヘアで、そのうち3名はウェディングドレスを喚起させる白いワンピースを身につけており、少なくとも外見的には「多様性」があるとは言いがたい。スピーチやSDGs活動を評価するあまり、外見的な多様性はあまり重視されなかったのだろうか。

本当にスピーチやSDGsに関する活動を評価するのならば、スピーチコンテストやSDGsコンテストを行えばよいのであり、*わざわざ「ソフィアンズ」と銘打って代表者を決める必要はないかもしれない。スピーチ力やSDGs活動をことさら強調するのは、外見だけで判断しているわけではない、むしろ外見では選別していない（実際はしていたとしても）ことのエクスキューズになっているのではないだろうか。総合的に、外見以外のもので判断していることを強調するためのスピーチ力であり、SDGs活動になっているのではないだろうか。それは、「ミス日本」の「心の持ちよう」や「社交性」と基本的には同じである。

全国の大学生を対象とした「ミスユニバーシティ2020」でも、選出された女性は、グランプリを獲得したことで「SDGsの認知度を高めていきたい」と答えていた。選出する側もされる側も容姿ではなくSDGsが重要だと声高に述べる「美人コンテスト」。それが誰もが美人の時代における「美人コンテスト」のあり方なのだろう。むしろ、見た目の容姿だけではない、見た目の容姿はむしろそれほど重要ではないことをわざわざ強調するために、現在の「美人コンテスト」は開催されているのかもしれない。

5　美人と言えない社会

もちろん、こういった総合的な能力を審査する「美人コンテスト」が開催されるようになった背景には、ジェンダー的な問題もさることながら、高まるルッキズムの問題がある。

ルッキズムという言葉自体は1970年代から存在したが、日本で頻繁に使用されるようになったのは2010年代の後半であり、多様性尊重、ダイバーシティが叫ばれるようになってからだ。ルッキズムが問題視されるようになったのは、1990年代より顕著になってきた外見至上主義社会に対する反動でもあるだろう。あまりにも外見が重視されるようになり、「人は見た目が9割」などと言われ続けたことに対する疲弊もあるだろう。ここにきて人びとは声高に言い始めるようになったのだ。「顔で判断するな」「見た目で優劣をつけるな」と。

その結果、外見に対して公の場で優劣をつける「美人コンテスト」が矢面に立たされるのは当然のことだ。しかしながら、コンテストはなくならず、形を変えてでも存続しているのはなぜなのだろうか。

＊朝日新聞社が主催する「大学SDGs ACTION! AWARDS」など大学生がＳＤＧｓの達成を目指して、オリジナルのアイディアを発表するコンテストも開催されている。

それは、たとえコンテストにおける評価のシェアが三分の一になったとしても、見た目を中心とする魅力が、本当のところは重視されているからだろう。

社会学者のキャサリン・ハキムは「美しさ、セックスアピール、着こなしのセンス、人を惹き付ける魅力」などからなるエロティック・キャピタルをヒューマン・キャピタルやソーシャル・キャピタルと並ぶ資本として位置づけている（ハキム 2012）が、ルッキズムが叫ばれる世の中においてもやはり外見が社会において有効に働くことに変わりはない。さらに近年は、美容資本（小林 2020）という概念も提唱されている。

人びとが美容活動をとおして時間や金銭や労力などを自分の美容に投資して、容姿レベルを維持・増殖させることで蓄積し、家族形成、社会経済的地位、ウェルビーイングなどを向上させることで回収するとき、容姿のよさを「美容資本」とよび、投資することを「美容資本への投資」と呼ぶ。美容資本は人的資本のひとつであり、投資によって容姿レベルが変化する。（小林 2020：9）

このように実際は、容姿のよさ、見た目が資本として機能しているにもかかわらず、見た目で人を判断しないことを前提にする私たちの矛盾を、現在の総合的な「美人コンテスト」が象徴しているのだ。

「学生が、自らの軸となるものをもち、『ありのままの自分らしさ』で輝く機会」（青山学院大学ミス・ミスター青山コンテスト）「多様性を尊重するコンテストの理念のもとで候補者一人ひとりがありのまま輝いてほしい」（上智大学ソフィアンズコンテスト）リニューアルされたコンテストはいずれも「ありのまま」であることを強調している。

努力して獲得された美に賛辞を贈る一方で、「ありのままで輝く」ことをよしとする社会。そのダブルスタンダードが私たちを苦しめているのではないか。SNSを使いこなし、リモート映えまで考慮しなければならない時代を生きる私たちは、「ありのまま輝く」ことなどできないことを嫌と言うほど知っているはずなのに。いまだかつてないほど外見を意識しているはずなのに。

茶髪、ガングロ、細眉、目力が巷間を賑わした1995年、「見た目で選んで何が悪いの！」（コダックスナップキッズCM）というキャッチコピーが流行語大賞トップテンに入った。それは、外見至上主義社会の訪れを宣言するかのようだった。

それから四半世紀。私たちは美の民主化のもとに、化粧やさまざまなテクノロジーを駆使し、「見た目」を作り上げることに心血を注いできた。だがその間に美はますます多様化し、目指す方向は一つではなくなった。もはや「普遍的な美人」という「大きな物語」が終焉を迎えたとも言える。今や「美はどこにでもあり、すべての人の中に存在する」のだから。「ありのまま輝く」ことこそ評価に値するのだから。

見た目に優劣をつけ、勝者を美人として評価する時代は終わりを告げた。少なくとも、公的な場では見た目で選べない（選ばない）社会が到来した。誰もが美人であるがゆえに、特定の人物に対して美人と言えない（言わない）社会。それが、現在の私たちが美に対して出した答えなのかもしれない。

第3章

肖像写真の奥行き

——顔の類型学《タイポロジー》とシミュレーション——

馬場伸彦

――私たちは世界を見ていると思い込んでいるが、実際には光に対して不透明な表面を見ているに過ぎない。したがって世界の大部分は、私たちにとって不可視なままとなっている。写真もまた、さまざまな対象の不透明な表面を捕らえることができるにすぎない。したがって写真は、眼差しそのものと同じ錯覚に捕らえられている。私たちは、世界を知覚していると思い込んでいるが、実際は事物の表層を知覚しているにすぎない。同じく、私たちは世界を写真に収めていると思い込んでいるが、実際私たちが写真に収めているのは、この事物の表層でしかないのである。(ティスロン 2001:127)

1 写真には「表面」しかない

過程として、結果として、写真には「見えざるもの」が排除されてきた。厚さ0.3ミリにも及ばない印画紙には、カメラが捉えた光を反射する事物(あるいは出来事)の「表面」が写し取られている。限りなく薄い皮膜の裏面に、その奥に、何があるのか、何が隠れているのかは想像するよりほかかない。枠づけられた四角い印画紙に構造化された表面だけのイメージ。それが「写真」である。

「写真」という語の元であるphotographは、ギリシア語のgraphein(書く)とphos(光)

に由来し、光によって描かれたものを意味する。つまり、写真の画像とは、その仕組みからすれば、事物に反射した光によって描かれた「光の痕跡」なのだ。１８４０年、写真発明の先駆者の一人であるイギリスのウィリアム・ヘンリー・フォックス・トルボットは、彼が発明したカメラを使わない写真実践を「フォトジェニック・ドローイング」と呼んだ。ここでも、ギリシャ語の phos（光）と「生み出された」を意味する genesis という語が重ね合わされ、「自然の鉛筆＝自然の対象が芸術家の鉛筆の助けなしに描写するプロセス」とされている。

トルボットの「フォトジェニック・ドローイング」は、感光紙の上に直接対象（植物の葉など）を置いて日光をあてて露光を行う方法である。焼出法（プリントアウト法）とは異なり、短い露光時間で記録された「潜像」を後から「現像」して像を得ることができる。トルボットの「自然の鉛筆」という言い回しには、自然（光）が写真の真の制作者であることが含意されている。それは精密に記録する客観性を備えた、はじめての画像であった。

写真とは装置によって自動的に制作される光の痕跡である。つまり光学的・化学的プロセスによって現実の対象を機械的に模写したものだ。しかし、写真は見る者によって「読解」される「作品＝テクスト」でもある。その画像は、指紋のようなものではなく、撮影者によって何らかの意図や意味が与えられた平面なのだ。

写真は、単純に受容されるのではなく、記号に関連づけられて読まれるものだ。すなわち、写真を読解するという能動的な行為によって、私たちは写真に「見えざるもの」を発見し、その画像に「奥行き」を見出していく。写真にあらわれる「奥行き」とは、見る行為を通じて解釈とともに感覚されるものである。それはいまだ存在しない可能的なものではなく、光を照らされた事物の背後に落ちた影を読むことなのである。

2 記憶と写真の関係

黎明期における写真が、絵画技法に挑戦する技術というよりも、むしろ人間の記憶を補完するメディアとして利用されていたことは興味深い。初期のダゲレオタイプには死んだ子どもの写真が多く見られるが、写真は事物を正確に記録した物質というよりも、スーザン・ソンタグがいうように、「記憶の発明であり、その置き換え」（ソンタグ 1979：167）であったからだ。写真は、忘却から対象を救い出し、物理的、外在的な記憶として安定させる。そのような役割が写真には求められていた。被写体と画像を直接的、自動的に結びつける写真は、被写体である対象がカメラの前に実在したという証拠になる。写真に撮られることによって、被写体の生きられた時間は静止状態へと変容するのである。

記憶の代理である写真からは、被写体の生死を判断することは難しい。静止画像である写真は、寝ている状態と死んでいる状態との区別が、実際のところつかないのだ。たとえば、溺死体に扮した有名なイポリット・バヤールの肖像写真のように、目を閉じて横たわる静止画像に生きて活動する様子を表現することはできないのである。だから生前と同じ服を着せて、おもちゃを枕元に配置し、目を開かせて、子どもらしい自然なポーズをとらせて写真におさめれば、死者の時間は一瞬にして巻き戻されることになる。それは愛しい子どもが生きていたという確かな証拠となるのである。

私たちは今でも、写真に写っている画像を「かつて・あった」事物の写しだと信じている。忘れられた記憶であっても、残された画像があれば、その事物が「かつて・あった」ことを疑わない。絵に描かれた天使のように可愛い子どもであれば、その子どもが実在したとは限らな

ダゲレオタイプの写真
年代不詳、筆者蔵。

イポリット・バヤール《溺死者に扮したセルフポートレイト》1840年

い。画家の想像力と絵筆によってそれは現れるのだ。しかし写真は常に何かの写真なのであり、空想上の事物ではない。被写体となった子どもは必ず実在したのであって、カメラはその表面を機械的に複製したにすぎないのである。

このことは、存在した事物と写真として再現前化したイメージの両者が因果関係を結んでいることを強く印象づける。写真は画家の絵筆による描写とは違って、機械による自動的な描写であるが故に、対象の実在性や真正性を疑うことができないのだ。初期の写真には妖精写真や心霊写真など多くの合成写真が制作されているが、写真装置による描写の自律性によって、それらは、「在ったもの」としての信憑性が与えられているのである。

だから人が思い出を語るとき、過去はあたかも写真を見るかのごとく想起されるのだ。「在ったもの」のすべては写真に置き換えられるからだ。大森荘蔵は『流れとよどみ――哲学断章――』のなかで記憶に関わる言葉の言い廻しを例に挙げて、「写真」と「記憶」の関連性について次のように述べている。

――記憶とは過去の出来事や人々の「写し」である、という思いはわれわれの心に深く根づいている。われわれの言葉遣いにもそれは明らかであろう。「記憶に焼き付いている」、「眼に焼き付いている」、「いまだにあざやかな記憶」、「記憶に新しい」、「記憶がうすらぐ」、「淡い記憶」、「旧い記憶」等々、これらの言い廻しにはまぎれもなく「写真」の比喩が下敷きになっている。その時々の印象や体験が人間カメラで写されて頭の中にしまいこまれる、そのアルバムからあの写真この写真がふいと浮かび上がる、新しい写真は概して鮮明だが昔のものになるにつれ色はあせ形はぼやけてくる。しばしば、あったはずの写真がいくら探しても見つからない、それなのに時には思いがけなかった写真が浮かび出てわれわれをなつかしがらせる。こういった「写真」の比喩がある。（大森 1981：18）

その意味で、写真は出来事の痕跡というよりも、形象化した記憶の断片なのである。もう少し正確に言えば、写真は記憶の代理物なのだ。

写真によって過去が再び立ち現れ、不在が呼び戻される。その記憶は物理的なモノとして再現前化する。写真のない頃の人びとにとっては、まるで魔術のような技術にちがいないが、「在るもの」が写し取られた写真には、想起経験を上回る高い信憑性とリアリティがある。

しかし、過去を所有することができないように、写真の「イメージ」はあくまでも対象の代理所有でしかない。かりに出来事の映像を見ることで被写体に接近したとしても、イメージを見る者と対象の間には常に決定的な距離が存在する。美術史家のジョン・バージャーが言うように、「イメージとはつくり直された、あるいは再生産された視覚」であるからだ。「それは、最初にあらわれ、受けとめられた場所と時間から、数秒または数世紀も引き離された外観」（バージャー 2013：15）なのである。

写真は、時を遡り過去の事物へ、過ぎ去った出来事へと、私たちを近づけてくれる。想像で描かれる絵画より、写真は強力な現実感を持っている。存在の明証性を担保した写真は、「過去」そのものなのだ。しかもその「過去」は印画紙であれば所有することもできるし、また何枚も複製して配ることもできる。デジタル写真であればインターネットを通じて無限に拡散することも可能なのである。

3 解釈される肖像写真

ロラン・バルトをはじめとする記号学者らは、あらゆる写真は意味作用を担う記号の集合であるとした。彼らによれば、完全なアナロゴンである写真の画像は、見る者に対して直接語りかけ、解釈を求めて迫ってくる「コードのないメッセージ」となる。

なるほど、写真の表面にあるのは過ぎ去った過去のイメージである。しかしそれは絵画とは違って、事物の外見を細部にわたって正確に模写した「かつて・どこか」の「現実」なのだ。写真は、見る者を一足飛びに過去時間へと引き戻して接続させる。まさしく「写真は、手に負えない、近づきがたいとされている現実をとりこにし、それを停止させる方法」（ソンタグ 1979：166）なのである。

そうした前提を踏まえた上で、ドイツの写真家アウグスト・ザンダー（1876-1964）が撮影した『時代の顔（Antlitz der Zeit）』（1929年）の肖像写真を見るとしよう。

ここにあるのは、顔によってドイツ社会の一時代を網羅しようと試みた写真による記録である。ザンダーは1910年前後からドイツ・ライン地方の人びとの肖像を「農夫」「職人」「女性」「職業と社会的地位」「芸術家」「大都市」「最後の人たち」の7つに分類して撮影するという実に根気を必要とする計画を目論んだ。

ザンダーの写真からは、いくつかの特徴的な傾向が見て取れる。たとえば農民夫婦と地主の夫婦などの例では、異なる階級であっても同じようなポーズを取らせている。また職人を撮る場合は、菓子職人であれば菓子作りの道具、郵便配達夫であればそれと分かる制服や筆記用具を持たせて、（例外もあるが）正面を向かせて中央に立たせている。つまりザンダーは写真資料として比較できるような構図を意図的に作っていたのである。

pastry chef（cologne, 1928年頃）
アウグスト・ザンダー『時代の顔』より

それらは演出のないスナップショットとは異なるものだ。演劇的なポーズをとらせたり、肖像画によく使われる背景画を利用したりこそしていないが、場所や服装、ポーズや小道具など、職業や社会的地位を暗示する記号を意図的に、表徴的に、肖像へ加えているのだ。

そもそも肖像写真は、そこにあるだけで、常に解釈される宿命にある。誰でもない普通の人びとであったとしても、その写真が意味するものを理解しようと人は顔を覗き込む。その場合、画像の表面を見ているという意識はない。私たちは、時空を超えて直接その人物と向き合っているかのような気持ちで、あらわれた相貌や身振り、服装や持ち物から「見えないもの」「隠れたもの」を理解しようとするのである。

ドイツの作家アルフレート・デーブリーン（1878-1957）は、ザンダーの写真集の序文において、「ここにあるのは一種の文化史であり、あるいは社会学と言ったほうがよい」と記している。「彼の撮った映像からいろいろなことを読み取るのは、われわれの自由に任されている」と、写真受容における解釈の恣意性を指摘した上で、写真に撮られた肖像から小規模農業従事者の典型性や大都市プロレタリアート容貌から経済の発展を読み取っていった。

肖像写真を見る者にとって、外見の特徴は何らかの象徴のように思われるものだ。その場合、写真はテクストとなって言説を誘発する。それゆえデーブリーンはこう続けているのだ。「これらの映像のうち多くを前にすると、ぜひともまとまった物語を語ってみたくなるだろう。この映像の数々はそんな気を起こさせる。物書きにとっては、たくさんの新聞の切り抜きよりも刺激的で、得るところの多い素材だ」と（デーブリーン 1998：228-233）。

解釈への誘惑。あるいは物語への接続。見る者がそうした心理状態へと誘われていく要因は何だろうか。三浦雅士が言うように、顔が「心を隠す場所であると同時に心を顕す場所」（三浦 1984：72）であるからであろうか。

顔は社会に投げ出された「謎かけ」である。多木浩二の言葉を借りれば、「表情をもち、身体の頂部のしかも前面についているから、顔は人間の身体のなかで最大の標識であり、特権的な地位を占めている。われわれは世界をおびただしい顔という一種の暗号によって経験」（多木 2007：163-164）するのである。

謎であれ暗号であれ、眼差しは肖像に隠された意味を探りだそうと、その表面の全体から細部にかけてスキャニングを試みる。そして構図やアングルに導かれながら、「奥」へと分け入っていくのである。

私たちは、表面に偏在する出来事のパズルを拾い集めて推理し、出来事の深層へと迫っていく。すると、肖像写真の眼を伏せた表情から憂いや悲しみが不意に浮かび上がってくる。カメラを見据えた人物の瞳から内面に秘めた意志が見えてくる。仕立ての良い服装や手指の仕草には、職業や社会的地位などその人の履歴があらわれる。

肖像写真を見る者の好奇心に満ちた眼差しは、背後に隠された物語を覗き込む。人物の外観を構築するさまざまな要素の背面に思いを巡らし、背景にまで回り込んでその人物の人格を、心の有り様を、運命の行方を、探偵のように探り出そうとするのである。

ザンダーの肖像写真においては、多くの被写体が無表情であることもまた、興味をそそられる要因の一つになっている。被写体から向けられる沈黙の視線は、背後に隠された見えざるものを探求せよと言われているような気さえする。ザンダーの写真に関心を持ったヴァルター・ベンヤミンは、それを「演習用の地図帳」だと比喩し、顔のなかに「名づけようのない現象」を読み取っていった。ベンヤミンは、ザンダーの作品について次のように述べている。

ザンダーの作品のような仕事には、一夜にしてそれまで予想もしなかったようなアクチュアリティが生じてくることがあるのだ。わが国では権力移動の時期がすでに到来しており、こうした権力移動の際には、観相学の訓練を積んでいること、その能力に磨きをかけることが、生きるためにぜひとも必要となるのがつねなのだから。右から来ようが左から来ようが、どこから来たかによって他人から評価されることに慣れなければならないであろう。そして自分のほうも、同じことを他人から見てとらなければならなくなるであろう。ザンダーの作品はたんなる写真集以上のものである。これは演習用の地図帳にほかならない。（ベンヤミン 1998：43）

肖像写真の「読解」とは、何もないものに対して、何かがあることを発見する誘惑的な行為である。それは観相学の訓練と同様なのであろう。

4　発見された誰かの顔

不思議なことに、こうした肖像写真における独特な作用は、プロの肖像写真家が撮ったものでも、アマチュアの写真家が撮ったスナップショットでも、さほど変わらないようだ。家族アルバムが、覗き見的な意向を超えて、興味深い出来事として迫ってくるのは、ベンヤミンがいう時間と空間が織りなす不思議な織物である「アウラ」*がその写真に宿っているからであろう。あるいは、ロラン・バルトが、母が写っていた「温室の写真」に見出したような、すでに死んでいるものの実在を訴える「プンクトゥム」（私を突き刺すもの）がそこに感覚されるからかもしれない。

ドイツの哲学者ヴィレム・フルッサーによれば、画像の意味は「二つの意図の統合（synthese）」を表すものであり、その意図には、画像の中で開示されるものと「見る者の意図」の二つの側面があると述べている。「画像とは「外延的」（一義的）なシンボルの複合体なので

＊ベンヤミンは、アウラの概念を次のように説明する。「アウラとは何か。空間と時間の織りなす不可思議な織物である。すなわち、どれほど近くにであれ、ある遠さが一回的に現れているものである。」（ベンヤミン 1998：36）

はなく、「内包的」(多義的)なシンボルの複合体」なのだ。そうであれば、肖像写真において読み取られる顔の意味とは、写真を受容する見る者がイメージに内包する多義的なシンボルの複合体から持ち込んだ帰結だと言えるだろう。

しかしこうした顔の読解が、観相学的(顔の表情からその人の性格や才能を判定しようとする学問)な観察と同じように、匿名の見知らぬ顔に象徴的な「仮面」を与えてしまうことも否定できない。仮面は、外貌から推測される徴をもとに、その裏面に何があるのかを同定するためにある。仮面にはそれを装着する人が隠しているものを露わにする作用があるのだ。私たちは写真の表面から記号を抽出し、既知のイメージと重ね合わせることで、その顔を観相学的に、あるいは類型学的に理解しようとする。仮面を剥がすのではなく、皮膜的な仮面をさらに重ねることによって「何者か」を理解しようとするのである。

肖像写真の顔とは、結果的には「誰かの顔」である。心理学者のセルジュ・ティスロンがいうように、「ある人間の顔の写真を前にするとき、そこについ意志性(アンタンシオナリテ)といったものを投影してしまうのは避けられない」のであり、肖像写真を見ることとは、その相貌のなかに誰かの顔を発見することに他ならないのである。

腕や手は物を掴むために役立ち、足は移動するために役立つ。しかし顔は、コミュニケーションの表面としてのみ存在する。さまざまな顔つきを作り出す信じられないほど複雑な筋肉の絡み合いは、それによってそれぞれの顔が別の顔に対して何かを証言することができる、という以外のはたらきをもたない。（ティスロン 2001：112）

顔の表面は、人と人とのコミュニケーションにおいて、特権的な役割を果たしている。なぜなら読解の最大の手がかりである「表情」がそこにあるからだ。表情をつくりだす複雑な筋肉の動きは、顔を持つ者の感情に呼応して変化する。私たちは、それを手がかりに他者と往還的なコミュニケーション関係を結ぶ。だから無表情であることは、顔を隠すことであるとともに、人を不安にさせる原因となるのである。

19世紀中頃のフランスの神経学者デュシェンヌにとって顔の写真は人間の感情を研究するための格好の資料であった。彼は人間の顔とはある種の「地図」であると考え、分類し、体系化できる筋肉の領域だとした。

１８６２年彼が発表した論文のタイトルは「人間の表情のメカニズムあるいは情動表現の電気生理学的分析」である。驚いたことにデュシェンヌは、誘導電流装置に接続された電極を被験者の顔に直接当てて、顔面の筋肉を収縮させ、変化の様子を写真に撮り記録したのである。（谷内田 1991：67-72）デュシェンヌにとって表情とは、筋肉が静止状態から動的状態へと変化することを指す。電気刺激による操作によって内面を知ろうとする彼の奇怪な試みも、感情が宿る場所が顔であるという前提に立てば、逆説的ではあるものの、正当性をもっている。

ザンダーの取り組みにしても、デュシェンヌの実験にしても、結局のところ、顔の類型学（タイポロジー）へとたどり着く。それらは「顔のカタログ」を再生産して分類する形式なのだ。そこには人の内面の性格と表面の顔を取り結ぶコードが措定されており、それゆえ表情を得た顔は、不可視化された意味の見取り図として機能するのである。

5　タイポロジーと澤田知子のID400

顔に対して類型学（タイポロジー）的に関わってしまうことは、澤田知子の作品が道案内人となる。澤田はセルフ・ポートレイトにこだわって創作活動を続ける現代美術作家として世界的に知られている。デビュー作となった証明写真を利用して４００人に変装した「ID400」をはじめ、衣装や髪型を変えて、写真館で撮るお見合い写真風シリーズ「OMIAI♡」、50人のキャバクラ嬢をイメージした写真集「MASQUERADE」、ガングロギャルやロリータに扮したシリーズ「cover」、化粧をすることで国籍にまで影響を与えてしまう外見と内面の関係性をテーマとした「FACIAL SIGNATURE」など、澤田は「類型化」したイメージをすべて一人で演じて作品制作を行った。

澤田は、成安造形芸術短期大学在学中に出された課題をきっかけに、セルフ・ポートレイトを撮り始めた。彼女の名を有名にしたのは写真集「ID400」であるが、この作品は、驚くこと

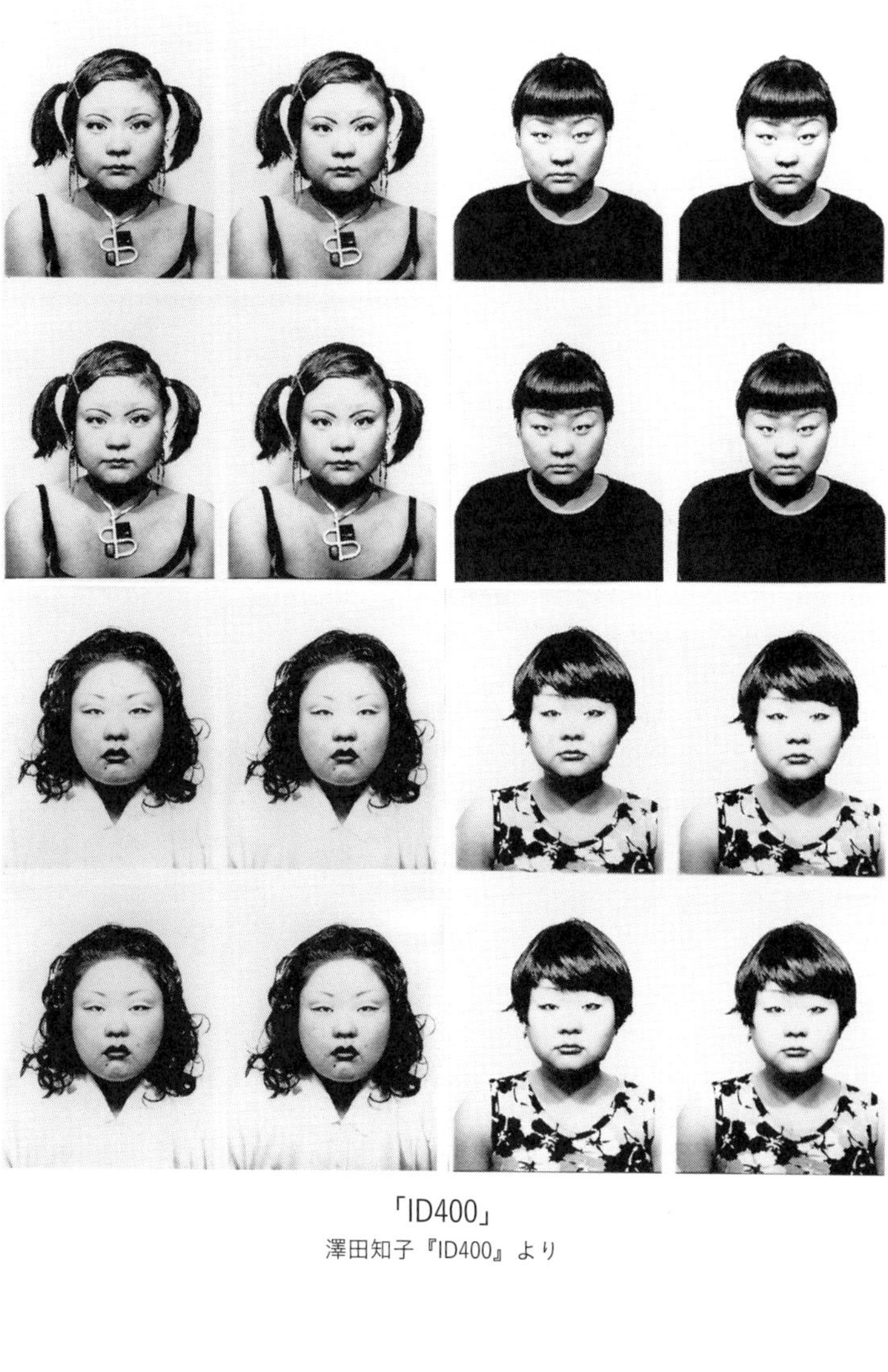

「ID400」
澤田知子『ID400』より

に駅やスーパーに設置されている証明写真用の自動機械が「カメラ」の代わりとして利用されたのだ。

澤田は自らの顔に化粧を施し、服装や髪型に変化をつけることで肖像の印象を操作する。証明書写真のフォーマットにあらわれた人物は、すべて本人であるから、その中身は皆同じ澤田知子である。だが、外見を構成するエレメントである髪型や服装を変えることによって、まったく別人となるのだ。

顔を直接変容させる「表情」や「化粧」は、素顔という起源である顔を覆い尽くし、それを消去して、匿名の誰かの「仮面」をつけたような状態をつくりだす。まさしくそれは矢内原伊作がいうように、表情に対する訓練と化粧に対する「顔作り」が実践される場なのであろう。

> 顔が本質と現象、内面と外面との一致であることに基づいているのであるが、この一致は容易に失われるからである。この一致が失われるとき、顔はもはや顔でなくなり、化粧はもはや化粧であることをやめる。このとき化粧は単に外面を装う手段となり、表情は人を欺くものとなり、顔が単なる外面となることによって人は内面そのものを喪失する。
>
> (矢内原 1986 : 13)

澤田の「ID400」は、綿密に計画された演出写真であり、類型学的な「顔のカタログ」である。それはスナップ写真のように瞬間を凍結させたようなものの対極に位置づけられる。証明写真機の自動的な描写による澤田のポートレイトは、自己を粉飾するというよりもむしろ自己を消滅させることを目的としている。澤田の写真は４００人に変身した「自己」ではない。それは４００人分の「仮面」をつけて偽装した匿名の誰かの「自己」なのである。

化粧や髪型、服装などの外見が変わることで、人の評価が極端に変わってしまう。誰もがそうした誤読を経験している。顔にその人の内面が現れるとは限らない。ましてや写真は表面でしかないのだ。アイデンティティは内面が語るものではなく、他者の印象によって決定づけられる表面の問題であることを、澤田がつくり上げた（＝メイクアップした）４００人の肖像たちは無言で語りかける。

6　奥行きのない顔とは

「ID400」において澤田が意図的に利用した、「証明写真機による写真」ほど無味乾燥なものはない。大抵の場合、そうした写真は「奥行き」とは無縁なものとなる。またそうでなくてはならない理由もある。

証明写真はパスポートや運転免許証などのＩＤ写真として使われるものだ。その画像は中立的で偏見のない客観性が求められるために、定型的なバストアップ構図が採られ、背景の装飾がないばかりか表情まで取り除かれる。証明写真では、アクセサリーや帽子、眼鏡を外すよう指示が出される場合も多い。そうしたものは社会的アイデンティティーを記号的に示し、先入観を作ってしまうからだ（ザンダーの写真では積極的に記号的衣装が導入されている）。つまり、一般的な肖像写真に認められる主観性を完璧に排除したものが証明写真なのである。したがって、証明写真機によって撮影された写真は、魚拓のような直接的な記録、あるいはハンコの印影に類似したものとなって表れる。それは、スナップショットの美学を標榜した写真家アンリ・カルティエ＝ブレッソンの「逃げ去るイメージ」でもなく、またバルトが指摘した「それは・かつて・あった」という写真の「ノエマ」でもないのであろう。

澤田の「ID400」は、入念に計算された演出によって顔を仮面化させるとともに、証明書写真機という無味乾燥な装置を利用することで瞬間の記録でも、痕跡でもない、ある種の文化記号へと変換させた類型学（タイポロジー）的な作品なのである。したがって、澤田の作品において「誰かの顔」といった詮索は、結局のところ空回りするしかない。誰かの顔に似ていると思った途端、澤田が示したシミュラークルの遊戯に見る者は取り込まれてしまうからだ。

澤田の作品は、類型に基づいて抽出されたステレオタイプを意図的に利用したセルフ・ポートレイトである。「見て欲しい自分」という自己を提示しながら、表面の操作＝マニピュレーションによって匿名の他者を再現前化させ、実は「こういう風にあなたは見ているのだ」と少し皮肉まじりに、そしてユーモラスに問いかけている。

写真の中に「あるがままの私」など見つけることはできない。それは外見によって判断する現実社会への異議申し立てであり、同時に隠喩でもある。その結果、澤田のセルフポートレイトは、社会的に規定された女性身体の役割を露呈させるものとなる。主観性を映し出す鏡でありながら、モノ化される女性身体に向けられた眼差しの問題をも顕現化させる。そこにある外示的な側面は、内面の感情とは無関係な「表面」であり、「奥行き」を意図的に放棄した顔のヴァリエーションなのだ。澤田の作品は、顔の類縁性を招き寄せると同時にそれを解体し、多義的で複合的な読解へと見る者を誘っていくメディアなのである。

7　アナログ写真／デジタル写真

黎明期の写真に関する論考の多くが、絵画や文学との比較において語られてきたことから推測されるように、写真自体は自立した「作品」として扱われてきた。写真を語ることは、19世紀中庸に新たに発明された描写技術で描かれた「画像」に関する寓意的解釈を見いだすことでもある。

このことは、写真を撮る者と写真を見る者とが分かれていることを示している。一方は作品の起源はカメラと撮影と現像を自在に扱うことができる写真家（作者）であり、もう一方は写真を見る者、あるいは写真を所有する者として二分されていたのである。

ところが、20世紀を迎えカメラが小型化して携行が容易となり、簡便な操作による撮影が可能になるに従って、そうした関係は次第に変化していく。「写真とは、写真家とその機械とによって形づくられる全体のことであり、そして写真家と機械とは、一枚の写真を実現するために必要な操作全体によって相互に結びつきあっているのである」（ティスロン 2001：16）とティスロンの指摘にあるように、両者の線引きは曖昧となった。それにともなって写真の理解には、撮影者と写真実践の過程や関係性にも注視する必要性が生まれたのである。

作者と作品が分かちがたく結びついた絵画に対して、装置であるカメラと画像は表象システムと分かち難く結びついている。操作が簡便になれば、奥行きのある画像を得るために遠近法の描写術を理解したり、絵筆の訓練をしたりする必要はもはやそれほど重要ではない。機械の操作さえ覚えれば、誰もが映像作品の作者、写真家となることができるからだ。

さらなる大きな変化の波は写真システムのデジタル化ならびにデジタル写真の普及によって訪れる。１９８０年代、画像を電気信号に置きかえて記録するビデオカメラの発展を受けて静止画の世界にも電子式カメラ、すなわちスチルビデオカメラが登場した。以後、２０００年代に入ると写真技術の電子化の流れは加速し、デジタルカメラ搭載の携帯電話（スマホ）の普及と高性能化によってカメラから生み出される画像はアナログ（銀塩写真）からデジタル写真へと完全に移行した。

デジタル写真とは、デジタルカメラによって撮影された画像またはデジタル形式でコード化されたコンピュータ処理可能な画像のことだ。写真による事物の複製は、「画く（ドローイング）」

という人間の行為を介在させずに光学的・化学的過程によって生成させたものだが、デジタル写真は撮像素子にあたった光がデジタル信号に変換され、画像データとして記録される。

一般的な理解では、パソコンに表示される画像であっても、プリントされた写真であっても、同じように「写真」に見える。印画紙にプリントされていようが、ディスプレイに表示されていようが、それらは馴れ親しんだ「写真」のように感じられる。銀塩写真と比較して劣っているといわれたデジタルカメラの画素数の問題も技術革新によって解消された現在では、プリントされた写真から両者の違いを見分けることは専門家でも難しい。しかし、『リコンフィギュアード・アイ――デジタル画像による視覚文化の変容――』(*The Reconfigured Eye: Visual Truth in the Post-photographic Era*) のなかでウィリアム・ミッチェルは本源的な相違点を指摘する。

デジタル形式でコード化されたコンピュータ処理可能な画像といっても、化学的な方法を用いない新種の写真にすぎないと考えたり、ビデオ画像のフレーム1枚と変わりないとみなしたりすることも、もちろんできなくはない。それはちょうど、初めて世に出た自動車が馬の不要な馬車だと思われたり、ラジオがケーブルなしの電信だと考えられたりしたのと同じようなものだ。そして実際、「電子写真」、「スチルビデオ」、「デジタルカメラ」などといった言い方がどんどん一般化してきている。しかしこうした比喩的な呼称は、この新しい情報形式の重要性や、それがわれわれの視覚文化に及ぼす大きな影響を見えにくいものにしてしまう。（中略）アナログ（連続量）とデジタル（離散量）という技術上の基本的な区別が、ここでは決定的な重要性を持つ。坂を下るのは連続した動きだが、階段を下りるのは一歩一歩離散的な運動の連なりである。つまり段の数を数えることは可能だが、坂についてはそうはいかない。斜面の上の位置は連続的に変化するから、いくつと数えられるようなものではないのである。（ミッチェル 1994：3-4）

ミッチェルのいう銀塩写真とデジタル画像の相違点とは、連続的なアナログに対してデジタルは離散的であるという、画像生成のシステムの違いである。画像のデジタル化は、対象と画像との線形的に連続する因果関係を無効化する。カメラの前に据えられた対象が、必ず現実のものでなければ存在できないアナログ写真に対して、デジタル写真はコンピュータのプログラミングに存在の起源をもつ。つまりデジタル写真は仮想的であり、虚構的なものなのだ。こうした点を踏まえ、「ヴァナキュラー写真」研究で知られる写真史家のジェフリー・バッチェンは、デジタル写真は「記録や事実というよりはむしろ芸術や虚構に近しい」と主張する。*

——写真が依然としてある種の客観性を主張するのにたいして、デジタル・イメージ処理が明々白々な虚構のプロセスだという点にある。偽造にほかならない実践として、デジタル化は、写真の文化的成功の重要な部分をなしていた真理の修辞さえも捨て去る。デジタル処理は、その名前が示唆しているように、写真イメージの生産を創造的な人間の手指（ディジット）の恣意へと立ち戻らせる。こうした理由から、デジタル・イメージは実際その本質からすれば、記録や事実というよりはむしろ、芸術や虚構に近しいのである。（バッチェン 2010：326）

現実を虚構へと変えてしまうデジタル写真は、類似物（アナロゴン）としてのイメージを消去して、想像されたイメージをその表面に上書きする。後からの操作によって加工されたイメージは、時間的な存在ではなくなって、リアルタイムに更新される新たな表面となったのである。

8　反射光と透過光

デジタル写真が、必ずしも物質的な支持体を必要としないことは留意すべきポイントである。従来の視覚文化のほとんどが、反射光のもとに表象した。洞窟の壁画、教会のテンペラ画、そ

＊ジェフリー・バッチェンは「デジタル・イメージは、現実の記号というよりも記号の記号である。それは、すでに一連の再現＝表象であると認識されていたものの再現＝表象なのである。」と指摘している（バッチェン 2010：328）。

して19世紀に誕生した写真もまたしかりである。印画紙という支持体を有した写真が絵画と同様、ある一定の期間物質的に変化しないという性質であるからこそ、作品として受容が可能であり、所有と蒐集の対象となったのである。

しかし、パソコンのディスプレイを介して現れる画像は、反射光ではなく、透過光として光とともに現れている。デジタル・メディアのインターフェースであるモニターは、液晶や有機ELなどさまざまな映像指示方式があるが、いずれの場合も発光源をもち、モニターの表面を通過する光で画面にオブジェクトが表示されるという仕組みが採用されている。

反射光に対する透過光というその違いは、デジタル写真を考える上で鍵となる。透過光で現れるデジタル・イメージは、デバイスが異なればそのサイズは大きくも小さくもなる。そもそもオリジナルのサイズが何であるのかは分からない。デジタル写真が事前にも事後においても操作可能であることは、結果としてそのイメージは彫塑的な性質を帯びてくるのだ。

画像のデジタル化によって連続的なデータは、数字による離散的な情報へと置き換えられる。そのことはネット空間のデジタル写真が、すべて数字的に記述されたものであることを意味している。それらは共通のコードをもとに表象し、後天的に自在に変容することが可能な情報なのだ。

モニター上に再現されるこのようなデジタル写真の特徴は、画像におけるオリジナルとコピーの関係性に変化をもたらし、そして写真が担保してきた「真実性」や「明証性」といった概念を根底から揺り動かす。ネット空間に流通する膨大な写真は、複製可能かつ変更可能であるという理由から、オリジナルであるか否かと問うことができない。すると写真とメッセージとのあいだの連続性は断ち切られ、「再現＝表象」という概念さえも怪しくなる。デジタル写真におけるイメージの可塑性が、原因と結果といった因果関係や記憶の物理的再現前化といった概念を無効化するというのは、決して大げさな言い方ではない。こうなってくると写真はもはや犯行現場に残された指紋でも、犯人の手がかりとなる慰留遺品でもないのだ。

9　シミュラークルとしての「現実」

興味深いのは、イメージの可塑性を理解していち早くライフスタイルに取り入れたのが、デザイナーや写真家ではなく一般の若い女性であったということだ。彼女たちはスマートフォンに搭載されたカメラとアプリを自由自在に操り、映える光景やセルフイメージに合わせた画像の加工を行い、イメージの理想郷をソーシャルメディアのなかに築き上げた。デジタル加工技術を手に入れることで、彼女たちは、「撮ること」「加工すること」「見せること」という写真実践のすべてに関わる新しい「写真家」となったのである。

肖像を美的に偽装するいわゆる「盛る」という写真実践もデジタル化の過程にあらわれた現象である。「盛る」とは主に「ポートレイト」において使われる言葉で、久保友香は「１９９０

年代半ば以降のデジタルテクノロジーの発展により出現した「バーチャル空間」において、日本の女の子の間に広がった、ビジュアルコミュニケーションの行動。化粧、服装、ライフスタイルなどの自分自身を取り巻くビジュアルを、「コミュニティごと」の、常に「変化」する基準に従って、「可逆」に作り、コミュニケーションすること」（久保 2019：170）と定義している。

盛られた顔とは、良好なコミュニケーション活動を行うための「理想化された仮面」と言い換えても良い。それは素顔を覆い隠し、アイデンティティから分離された「新たな顔」なのである。画像加工アプリは、写真の共有を前提とした最も現代的な化粧であり、メスを使わないデジタル時代の美容整形なのだ。

盛り顔とは、スナップショット的な断片のイメージから、事後の画像加工によって変換される構成的なイメージである。自己から乖離した顔であるから、塗るのも変形させるのも自由だ。コンピューターという自前のキャンバスと筆を手に入れた彼女たちは、個性や美しさを偽装することに躊躇はない。

そこで思い出されるのが、「メディアの仮構性が現実性を殺戮した」というフランスの思想家ジャン・ボードリヤールの言葉である。デジタル画像が普及する以前から彼はいくつもの著書を通じてこのことを繰り返し主張してきた。当時はSF的想像力を刺激する概念に過ぎなかったが、最近では説得力を持ちはじめた。*

メディアの仮構性が現実性を殺戮するという彼の主張のポイントは、シミュラークルな世界

（シミュレーション）とリアルな現実が二重化する状況が訪れることで、現実は取るに足らないものとなってしまうことだ。

ボードリヤールのいうシミュレーション理論には三つの段階的な変化が想定されている。第一の段階は、現実の明らかなコピー「模造」。第二の段階は、現実と表象の境界が曖昧になるほどよくできたコピー。そして第三の段階は、現実世界の個別的な部分にまったく結びつかない「オリジナルなきコピー」が現実を生み出すコピー、つまり「シミュレーション」である。第一段階と第二段階のシミュレーションには、複製による劣化は生じるもののまだ「現実」は存在する。しかし第三段階のシミュレーションでは、依拠する現実は存在しない。というよりも、立証できないために、「現実」は存在しないことと同義となる。

ボードリヤールは、現実世界の構築に「先行してつくられる現実」という意味で、それを

＊ウォシャウスキー兄弟の映画『マトリックス（*The Matrix*）』（１９９９年アメリカ）は、ジャン・ボードリヤールの影響を受けたＳＦ映画として知られている。デーヴィッド・ウェバーマンは、論文「『マトリックス』のシミュレーションとポストモダン時代」で、ポストモダンの経験の中核であるシミュレーションを扱った哲学的映画だと評価している。その影響は実際の場面でも可視化されている。「ネオのアパートに、デジタル化された情報を必要としているハッカーが来た場面では、ネオは相手に渡すものを、中身をくりぬいた本の中に探す。カメラはその本が、ジャン・ボードリヤールの『シミュラークルとシミュレーション』であることを映し出す」（アーウィン 2003）

「ハイパーリアル」と呼んだ。たとえば、テレビのニュース映像は、遠く離れた世界で起きている「現実」を映し出している。電源スイッチを切り、テレビの映像が液晶画面から消滅したとしても、遠くで起きた出来事は継続中であり、決して消滅するわけではない。しかしその「現実」に直接的、経験的に触れることができないのなら、それは「存在しないこと」と同じなのだ。さらにそれが、デジタル写真によって作られたヴァーチャルな現実の複製であるならば、「現実」という概念を問うことが事実上不可能となる。デジタル処理によって仮構されるデジタル写真は、オリジナルなきコピーであり、現実には依拠しない第三段階のシミュレーションなのである（ボードリヤール 1992）。

ボードリヤールの最初にして最後の写真集『消滅の技法（*L'art de la disparition*）』のなかで、加工され操作されたシミュレーションのイメージについて、彼は次のように述べている。

> 写真は現実の時間の中には存在しない。写真にはネガの時間、ネガの宙吊り状態がとどめられている。このわずかな時間のズレが、写真のイメージが現実の世界とは別のイリュージョンとして存在することを可能にする。このわずかな時間のズレが、写真に前世のような密やかな魅惑を与える。これは現実の時間の中で展開するディジタルな映像やビデオにはない魅惑だ。合成されたイメージでは現実なるものはあらかじめ失われている。だから厳密にいえば、それはイメージですらない。（ボードリヤール 1997：23）

批評家の清水穣は、インスタグラムの写真に、「失敗写真」や「謎」は存在しないという。インスタグラマー（写真の投稿者）が行っていることは、投稿した写真にできるだけ多くの「いいね！」をもらうことにある。そのために「トリミングや適切なフィルターを施した上でアップロードし、さらにハッシュタグという形でそこに様々な同一性を付与する」のだ。清水は次のように続けている。

インスタグラムとは、モダニズム写真が理想とした、反写真としてのスナップショット、すなわち無為自然であるがままの世界の顕現を、どこでも誰にでも遂行させるソフトウェアである。インスタグラムの写真は基本的に加工写真であるが、それは、加工に見えないため、無作為であるがままの自然に見えるためのフォーマットとフィルターが万人に提供されているという意味である（もちろん、あえて作為的で人工的に見えるためのフィルターもあるだろうが、インスタグラムはプリクラ写真であろうとはしない）。この究極の民主化によって、モダニズム写真は反復される喜劇と化した。（清水 2020：39-40）

アナログ写真の奥行きが、背後の物語や記号を読み解くことから立ち現れるものだとすれば、デジタル写真の奥行きは、途切れなく連続するピクセルの配列から「情報」として立ち現れる。それは、一瞬の出来事を捉えることを至上とするスナップショットの美学とは根本的に異なるものにちがいない。イメージの合成にとって瞬間であることは重要ではなく、またその写真に根源や準拠枠などなくても構わないのだ。シミュレーションとなったデジタル写真は狡猾な嘘をつく。そこにある奥行きは、オリジナルなきコピーとして偽装されたものなのである。

第4章

自撮りと私
――キャラ化したコミュニケーション――

馬場伸彦

Ⅰ　自撮りとは何か

スマートフォンのカメラ機能を利用した「selfie（＝自撮り）」は、今日では、すっかり日常的な写真行為となった。自撮りとは、手持ちのデジタルカメラやカメラ付き携帯電話で撮影したセルフポートレイト、ならびにその行為をいう。自撮りは、アマチュアの手軽な日常的写真行為の一つであり、記録あるいは記憶の代理として行われる写真実践の一形態である。

世界的に見れば、自撮りが急増したのは2013年であった。オックスフォード辞典の編集者が行ったソーシャルメディア上の言語調査によれば、「selfie」という単語の頻度は前年の1万7000％にも達した。その結果を反映して同辞典は2013年の流行語（The Word of the Year）に「selfie」を選出したのである。

また同辞典によれば、語としての「selfie」は、2002年9月13日にオーストラリアのチャットルームにおいて最初に登場したとされている。しかし、2000年にカメラ付き携帯電話（J-SH04）を世界でいち早く発売した日本では、もっと以前から、「自撮り」、「自画撮り」、「自分撮り」などさまざまな言い方で、「自撮り＝selfie」は流行現象として話題となっていた。たとえば、大宅壮一文庫雑誌記事検索より単語検索を利用して1998年から2013年の期間における「自撮り」の関連語を拾ってみると、「自撮り」が11件、「自画撮り」が32件、「自分撮り」が52件該当した。推移としては２０００年代より徐々に記事で取り上げられるようになり、２０１１年以降に増えていったことが分かる。（２０１４年2月13日筆者調べ）そのことから考えると、日本が「selfie」の先進国といえるだろう。

日本において「自撮り＝selfie」を言い表す言葉がさまざまな言い方でされてきた理由は、それ自体が写真表現のジャンルを表す語というよりも、むしろ独特な写真実践（行為）を指す言葉であったからだと考えられる。また自撮りを実践する者の中心がアマチュアであったために、写真表現のジャンルとして認知されていなかったからだろう。

自撮りが、家族アルバムに収集されるそれまでの記念写真と異なる点は、その多くがインスタグラムやフェイスブックなどのいわゆるソーシャルメディアに公開することを目的に撮られていることだ。つまり、自撮りは個人的な写真行為と言うよりも、むしろ社会的な写真行為なのであり、コミュニケーション活動に主眼を置いた写真実践なのである。

もちろん、その行為を可能としたのは、インターネットやデジタル写真の大規模な普及であることは言うまでもない。インターネット時代の写真行為は、記念や記録のためというよりも、むしろ誰かに見せて、「いいね！」の承認を得るためにあるのだ。

そのため、自撮りには、不特定多数の閲覧者に対して「私をみてくれ」と語りかけ、「私の生活にはこんな側面もある」と仄めかす表現が数多くあらわれる。ソーシャルメディアの中の自撮りには、自宅やホテルのバスルームの鏡に向かって胸をはだけた挑発的なものもたくさんアップされている。こうした自撮りは、まるでピンナップガールのように閲覧する者の窃視的な欲望に自ら進んで応えているかのようだ。他者の閲覧が想定されているからこそ、自撮りには自己顕示欲にあふれた写真が散見されるのである。

しかしながら、自撮りは自己愛的な表現のように思われるものの、その関心は必ずしも自分自身にだけ向けられるものではない。自撮りの動機を支えているのは、ネットワークの中で擬似的な社会関係を結びたいというコミュニケーションへの欲求である。それは生身の身体を晒すリアルな経験としてではなく、イメージを媒介とした間接的かつ視覚偏重の関係構築が求められているのだ。

2 自己イメージの先回り

ユニークな写真行為である自撮りには、「受容されるイメージ」を先取りして表現しようとする傾向が顕著にあらわれる。つまり、あらかじめ他者が「見たいと思われる画像」へと修正を施し、「完璧なイメージ」に仕上げて呈示しようとするのである。要するに自撮りの画像は、あるがままの姿ではなく、閲覧者がそうあって欲しいというイメージを先取りして、それに合わせて図説的に表現する行為だと言うことができる。

他者による閲覧を前提とした自撮りの独特な振る舞いは、自撮りの画像の定型化を促す要因にもなっている。画像をアップする者は、「いいね！」など、その価値に見合った賛辞を得たいがために、賞賛されやすい画像、あるいはすでに賞賛されている画像を模倣しようとする。すでに賞賛されている画像とは、よくできた「既知のイメージ」のことだ。その代表はと言えば、たとえば、どこかで見たことのあるイメージ（アイドル、女優、モデル）、あるいは美しい広告写真のイメージである。

こうしたことからも、自撮りが、秘匿的な個人の回想、記録であるとは単純に言い切れない。行為において個人的であるが、動機においては社会的なのである。それはインターネットを通じて他者に見せること／見られることを想定した行為であり、承認を求めるコミュニケーション行為と理解すべきだろう。私たちは自撮りの写真をソーシャルメディアにアップすることで、理想的な類似像を提示して、共通の話題としているのである。

3　インスタグラムとインスタ映え

このことは、「インスタ映え」の流行語を生んだインスタグラムの画像に関しても著しい特徴となってあらわれている。たとえばユーザーは、高級なフレンチレストランの料理の写真を撮ったり、リゾートホテルの洒落たインテリアを背景にしてポートレイトを撮ったりする。以前なら、そうしたスナップ写真は、アマチュアの撮影したものとプロの撮影した雑誌写真や広告写真とは、明らかに違ったテイストで表現されていた。前者は、出来事としてのリアリティが重視され、後者は理想としてのファンタジーが重視されている。しかし、インスタグラムにアップされた料理写真やポートレイトには、広告写真と見間違うようなものが無数にあるのだ。アプリの画面を開けば、雑誌広告で見たような整った写真が連続し、オシャレな雰囲気を醸し出している。しかも、奇妙なほど、どれも判で押したようなよく似たテイストに仕上がっているのだ。

インスタグラムにアップされる写真は、出来事を記録するというよりも、むしろ出来事を「デザイン」した演出写真である。だから、レストランのテーブルの上に気に入らないものが映り込む時はそれを排除したり、皿を並べ直したりして、「レイアウト」を変えることが積極的に行われる。

なかには、料理をより魅力的に見せるために自前のランチョンマットを持参したりするインスタグラマーもいる。若い女性の間で流行した「ナイトプール」では、インスタ映えの写真を撮るために、わざわざ貝やスイカの形をした浮き輪を撮影の小道具として持参したりする強者もいる。そして、最後の仕上げとして、アプリで画像加工を施して、平凡なイメージを「特別な日常」へ、広告写真のような「完璧なイメージ」へと変容させるのである。

メディア理論家のレフ・マノビッチは、インスタグラムの写真には、明らかに他の写真とは異なる「視覚的美学」があると指摘している。「インスタグラムによって加工された写真は、単なるコンテンツではなく、技術、スタイル、視覚的な選択を通じてコミュニケートするために作成されたビジュアルイメージである」（マノヴィッチ 2018：49）と彼は述べている。

確かに、インスタグラムの美しい光景の表現には、自撮りと同じような自己表現への欲求を垣間見ることができる。インスタグラムの写真実践では、ユーザーは光景の観察者ではなく、光景を理想化して作りだす表現者なのである。

インスタグラムはまた郷愁を偽装することも得意だ。そもそも写真は、物質として表象する限りにおいて、その支持体の劣化が時間経過の証として理解されている。過ぎてしまった時刻に私たちは戻ることができないが、支持体の劣化や画像の退色は、経過した時間を表徴する。だからアプリで、セピア色に変色させたり、白っぽく退色させたりすれば、途端に画像にはノスタルジックな雰囲気が醸し出されるのだ。このようにしてユーザーは雑誌やウェブで見たことのあるような「よく出来たイメージ」、すなわち「インスタ映え」を完成させる。

既知のイメージに現実の風景を重ね合わせようとするインスタグラムの写真には、スナップショットのように出来事に立ち会わせる記録性は重要ではない。それは「決定的瞬間」ではなく、自らが創造した「理想の光景」なのであり、同時に人に見せるために提示されたオシャレな私の「世界観」なのである。

その為、多くのインスタグラムの指南書では、いいね！を増やす方法として、写真を一覧させて「写真集」のようにみせるべきだと提案している。たとえば、『「暮らし」を撮る大人のインスタグラム』では、「自分のプロフィール画面には、投稿した写真が、縦3列に並びます。写真集のように見られるのもインスタの特徴です。1枚1枚の写真をきれいに撮影することも重要ですが、統一したテーマで撮影したり、色を統一したり、撮影する対象を決めたり、「寄り」や「引き」、のバランスを大切にしたりして……といったことを意識することで、プロフィール画面の一覧がギャラリーになりとってもおしゃれ。ほかのユーザーの目をひくはずです。」とある（ORANGE PAGE MOOK 2016：86）。

インスタグラムは、いっけん新奇なモノや出来事を報告しているようにみえるが、実は、イメージのインフレーションの中から選択されたものを反復しているのである。いわば、集合的記憶の中から選び取られたイメージを、丁寧に再現したのがインスタグラムなのである。

インスタグラムの写真に、ある種の既視感が感覚されるのはそのためだ。奇妙な言い方かもしれないが、撮影されるのは新しい風景ではなく、ノスタルジックな風景の複製なのである。報道写真が私たちを出来事の瞬間に私たちを立ち会わせようとするのに対して、インスタグラムの写真は、私たちを記憶の中へと送りかえしていくのだ。

4　模倣されるイメージ

ＪＴＢパブリッシングから出版された『KYOTO genic 写真から見つける、ステキな京都』

（2016年）は、デジタル時代の写真実践として興味深い事例を提示した。

　この本は、インスタグラムの写真から旅の行き先を選ぼうという、いささか旅行ガイドらしからぬ編集内容となっている。旅先で何かを発見するのではなく、誰かによって発見された「インスタ映え」風景を道案内役にして、生身の身体を素材として利用し、雑誌で見た風景と同じような写真を撮るという旅行が提案されているのだ。まるで穴の空いた観光地の看板に顔をはめるように、この本の情報は読者に利用される。

　ここでの旅行の目的は、新しい風景を出会うことでも、旅先の名物を食べることでもない。インスタ映えした写真を撮ることによって、より多くの「いいね！」とフォロワー数を獲得することが目的なのである。

　本の情報を見ることによって旅行者（つまりインスタグラム用の写真を撮る者）には、完璧なイメージが脳裏に描かれる。旅先では、そのイメージに重ねるように物や人を配置し、アングルやトーンを探っていけば良いのだ。もはや風景はフォトスタジオの壁紙のような役割でしかない。壁面に描かれた風景や文字を背景にして、インスタ映えする構図がつくられることもある。まさしくデジタル時代のピクチャレスクが「インスタ映え」だといえるだろう。

　こうしたインスタグラムの写真には、経験の奥行き、写真にあらわれる時間の奥行きが、欠落する。写真に内在する時間の奥行きや出来事の因果関係は重要ではない。四角いフレームに事物が美しくレイアウトされれば満足なのである。

5 存在証明としての自撮り

自撮りは、写真表現史に照らし合わせれば、ジャンルとしては「ポートレイト（肖像写真）」に含まれる。また、日常生活の一部分を撮影する行為からして、それはいわゆる「スナップ写真」という写真実践に類似する。

写真実践において最も頻繁に行われているポートレイトとスナップ写真であるが、実はこれほど誤解されているものはない。事実をありのままに写すドキュメンタリー写真とは違って、「ポートレイト」という言葉のルーツがエトルリア語に起源をもつ「ペルソナ」であることからも分かるように、ポートレイトにはもともと「仮面」といった意味が含まれている。つまりポートレイト写真に映っているものは、その人の内面ではなく表面＝仮面なのである。

「自写像」を意味するセルフ・ポートレイトは、日常生活のスナップ写真的行為のように思えるが、自分の外の世界を撮影するスナップ写真とは異なり、自分自身が被写体であるという点において、それは「私がそれを見た」という記憶の代理ではなく、「私はここにいる」という存在証明的な意味合いとなる。

では、通常のポートレイトと自撮りの共通点は何だろうか。どちらも、それは「顔」「ポーズ」「アングル」「服装」などの要素から成り立っている。とりわけ顔は表情とともにあり、意味を作り出す要因であるために、最も重要な要素だと考えられている。顔は操作された表面であるにも関わらず、美醜の判断だけでなく、感情や性格といったその人物の内面の評価にさえ影響を与える。容貌と性格には因果関係があると人は信じている。

その意味で顔は常に誰かに読まれる宿命にある。だからポートレイトにおいて、どのように見られたいか、あるいはどのように見せたいかによって、顔が造り変えられ、最良のアングルが模索されるのは、その影響力から考えれば、しごく当然のことなのである。

顔は写真に撮られることで内面から分離した事物となり、自己とは異なる「誰か」として現れる。人間の顔は表情のあらわれる「地」であり、表情は「図」なのだ。

また、現代社会において、仮面の役割を担うのは「化粧」であることは言うまでもない。メイクアップという言葉が象徴しているように、それは、素顔を土台にして作り上げられるものだ。しかし、化粧によって操作され、作り上げられた顔に意味や物語を招き寄せるのは、見る者、つまり顔を「読む者」である。清純そうであったり、セクシーであったり、滑稽であったりと、化粧は自在に顔の上に図説して見せ、顔を「読む者」に対して意味を提供しようとする。説明文のない静止したイメージであるポートレイトであれば、この効果はいっそう強調されることになるにちがいない。

見る者は、静止した表情のなかに喜怒哀楽といった感情を読み取り、勝手に物語を作り上げてしまう。あるいは写真家の操作によって特定の物語へと誘導されていってしまう。このことは、遡れば、写真黎明期である1840年に制作されたイポリット・バヤールの有名な〝セルフポートレイト〟が雄弁に語っている。バヤールは、ルイ・ジャック・マンデ・ダゲールを写真の発明者として認定した科学アカデミーへの抗議を意図し、《溺死者に扮したセルフポートレイト》(81頁)と題した写真を公表した。バヤールの瞳を閉じて硬直させた裸体のセルフポートレイトは、失意と落胆の果てに溺死した男であることを視覚的に語りかけ、人びとはそれを信じたのである。写真が溺死の悲劇を語ったわけではない。そうではなく、意図的に偽装された写真を見ること/読むことで、悲嘆にくれて溺死を選んだ男の悲劇を見る者が捏造してしまったというわけである。こうしてみると写真の歴史は「自撮り」から始まったと言っても過言ではない。

6 自撮りの自己言及性

「自分で撮影する=自撮り」であるから、その撮影行為は、自分自身がカメラを持ち、自分自身が被写体となり、自分自身で撮影することが前提条件となっている。

自らの指でシャッターを押すために、そして画角や焦点距離を調節するには、腕を自身の顔の前に伸ばして調整しなければならない。自撮りのアングルを規定するのは腕の長さとレンズの焦点距離なのである。自撮り棒とは腕の拡張である。こうした奇妙な撮影スタイルが大型の

自撮りテクニックの例

梶恵理子『真似メイク RECIPE』（宝島社、2014 年）自撮りテクニックの紹介ページより

カメラしかなかった１９２０年代においても行われていたということは驚きだ。バイロン社の屋上では数人の男がお互いに身体を支え合いながら三脚のようにカメラを固定してグループで一生懸命に腕を伸ばして自撮りをしている。

今日のソーシャルメディアにアップされた自撮りを注意深く見ると、カメラやスマホを撮影者自身が持っているために、手首から腕のあたりがフレームの外側に外れて見えなくなっていることに気づかされる。

ピースサインや頬に手をあてて顎の輪郭を隠すといった自撮り独特のポーズは、カメラを持たない片方の手によってつけられている。カメラ自体の軽量化、自動化がなければ自撮りは、これほど普及しなかったにちがいない。右手にカメラを握りながらレンズを自分自身に向けて自分を撮るという撮影スタイルは、プログラム機能によってシャッターを押すだけで撮影ができるコンパクトなカメラでなければ不可能だ。その先駆けは、1977年に小西六写真工業（後にコニカ）が発表した世界初のオートフォーカスカメラである。その謳い文句は「ジャスピンコニカ」であり、自動露出に加えて、自動焦点の機能を備えたことで女性を含む幅広い層に受け入れられたのである。

ソーシャルメディアにアップされた写真のなかには、鏡を利用して全身を写した自撮りもたくさん見受けられる。鏡の前でカメラを構えてポーズをとるケースでは、ビューモニターで表情やポーズを確認しながら撮るために、顔の一部分がカメラによって隠れてしまったり、目線がどこにも向かっていない表情になったりしている。また鏡にお尻を向けてカメラを持ったまま不自然に身体をねじりながら撮影するケースもある。こうした自撮り独特で奇妙な振る舞いは、セルフタイマーを利用した従来のセルフポートレイトとは明らかに異なるものなのだ。なんとしても自撮りは自分で撮影しなければならないという強い意志がそこには感じられる。

自撮りでは、撮影行為において他者が介在することは基本的にはない。それは、あくまでもプライベートな写真実践であり、撮影する装置は自らの手中になければならないという暗黙の了解がある。いわば、手鏡を覗き込みながら自己の像を確認するようなものが自撮りなのである。

ふいに撮られたスナップ写真とは違って、そこには自分自身のイメージの複製が意識された演技的な態度として現れる。フレームの外側にはみ出てしまった腕や指先は、アマチュアゆえの失敗写真というわけではない。それは今まさにその瞬間に撮られたスナップであることを表象する記号なのである。

だから散らかった部屋や汚れた鏡が映り込んでいる無造作な自撮り写真が意外なほど多い。無造作な背景を映り込ませる事も臨場感と自撮りのリアリティを生みだす欠かせない要素となっているからだ。自撮りのパイオニアとして知られるモデルのうしじまいい肉は、流行のファッションで着飾っていて、なおかつ六畳一間の生活が垣間見えるようなライブ感のある自撮りを推奨している。「彼女の私生活や思想とかを覗き見しちゃった感じがあるじゃないですか」（『SPA! スパ』2011年5月号）とうしじまは述べている。

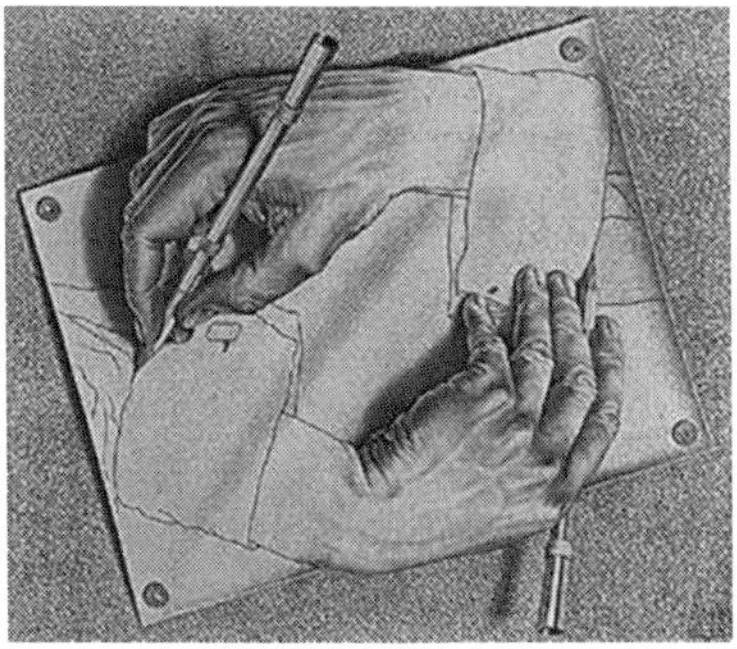

エッシャー《描く手》

重要なのは、自分の顔の前に腕を伸ばすという「自撮り」独特の撮影スタイルが、見る者と見られる者という二つの自我のあり方を同居させているということだ。だまし絵で知られるエッシャーの絵に、紙の上に立ち上がった左右の手がお互いの手を描いている《描く手》という作品があるが、写真行為としての「自撮り」には、そうした自己言及的な構造が特徴的となってあらわれている。自撮り写真を撮ることは撮られることであり、見る者は同時に見られる者となるのである。

また、デジタルカメラやスマートフォンによる自撮りでは、撮影、潜像、現像の写真にまつわる一連の行為が流れの中で行われる。次々と開発される画像加工アプリは、自撮りの元画像を操作して、とっておきの一枚、最高の一枚へと変えるためにある。画像生成に関するすべての写真行為を、自分で操作することも自撮りでは不可欠な行為なのである。

こうした画像加工の操作は、決して適当にやっているものではない。その操作は独自の美的規範に沿って、あるいは理想とするイメージに近づけるために行われている。

たとえば、おかもとまり『カンタン☆変身! 魔法の自撮り術』(ネオテック、2013年)を参照してみよう。そこには「あごを引いて口を半開きにした表情がカワイイ系」、「涙袋に力を入れて、口は力を抜くのがセクシー系」、「驚き顔で、口は丸くぽわっと開けるのがオルチャン系」などとあり、ステレオタイプ化したカワイイ、あるいは美人のイメージを真似ることを奨めているのである(おかもとまり 2013)。言い換えれば、規範となるイメージや理想像が、あらかじめ自撮りをする者の頭の中に想定されており、それを目指してイメージ操作が行われるのだ。どのように撮られるのか、どのように見せたいのか。仕上がりイメージが想定されているからこそ、納得がいくイメージができるまで撮影者は何度も操作を繰り返すのである。

7 自己の偽装と消滅

自撮りの自己言及性とイメージの操作性には、どんな意味があるのだろうか。自撮り行為によって「理想的な容姿」となったイメージは、実体や実質性に基づいたものではない。それは、存在から複製へ連続するものではなく、理想とする容姿を根拠として模倣されたイメージ、いわばシミュラークルなのである。

一般的な理解として、写真は実体を鏡のように映し出すものとして信じられてきた。犯罪現場の証拠写真や運転免許証や旅券における自己証明などはその例であり、フォトショップによる画像加工が当たり前となった現在においても、写真と実体との対照性は大きく揺らぐ事はないように思われる。

こうした感覚は、次のような考え方に無批判的に結びついていく。すなわち、写真行為の「結果」としてあらわれた自撮りイメージは、その生成の出発点である「原因（実体・実質性）」へと遡ることができるという確信である。仮に表情が仮面で覆われていたとしても、あるいは巧妙な化粧による素顔の隠蔽が行われていたとしても、そこには実体としての顔、アイデンティティの基底としての顔があるのだと信じられている。

この点は、絵画に描かれた自画像と大きく異なるものだろう。要するに、自撮りにおける顔は、虚飾性を問われることなく、オリジナルの実在性（原因）を因果論的に保証しているのだ。自撮りによって作られた「理想的な容姿」は、見えない実体と互いに支え合っている。見えないものは存在しないのであるから、見えるものはすべて存在することになる。自撮りは、「理想的な容姿」を映す影であり、他者の承認や「かわいい」といった評価は、一種の「こだま」のように影を実体化させ、自撮りをする者の自己を輝かせるのである。

自撮りの写真は、自己イメージの偽装（シミュラークル）である。それは自己を隠すことによって成立するイメージだ。ジャン・ボードリヤールの「シミュラークル論」を補助線にこの問題を考えてみよう。彼はシミュラークル化した画像の実在との非対称性について次のように説明する。「隠す（dissimuler）、という行為は、あらゆることをないように見せかけることだ。ところが偽装する（simuler）とは、ないことをあるように見せかける。前者は存在（presence）に至り、後者は不在に至る」（ボードリヤール 1984：3-4）。

実在と照応しないシミュラークルは、自己言及的なエンドレスな回路に陥ることになる。自撮りにおける実在とイメージとの非等価性についても同様なのだ。シミュラークルなイメージは本物の紛い物でも単なるコピーでもない。本物より、表象を評価する場合では、本物を凌駕する力を持っている。

8 なりたい顔になるために

インスタグラムの写真や自撮りには、偶然性は期待されていない。なぜなら、先に述べたように、自撮りが一回性に価値をおいたドキュメンタリー写真ではなく、やがて出来上がるイメージは未知ではなく既知であるからだ。

その意味で、自撮りは極めて構造化された写真表現である。自撮りから受ける印象がいずれも似たり寄ったりであるのは、個人のアイデンティティを覆い尽くした「誰かの顔」が、メイクやカメラの操作によって、そこに模倣（シミュレーション）されているからにちがいない。

忘れてはならないのは、日本の女子にとって、こうした自己イメージの操作は「プリクラ」によって繰り返し訓練してきた技術であったことだ。プリクラは、手軽に自己を偽装する手段として人気が高く、アーケードに設置されたプリクラの前には常に女子たちの列ができていた。何かの記念に撮るというよりも、日常的な習慣、日常風景の一つとしてプリクラがあったのだ。アトラス製『プリント倶楽部』、通称プリクラが登場したのは１９９５年であった。デジタルカメラによる撮影画像をシール紙に印刷する装置であり、主に女子高生を中心に人気を博した。切手のように小さなプリクラシールは、女子高生にとって重要なコミュニケーションのツールであったのだ。

シール状のプリクラ写真は、プリクラ帖と呼ばれる小型のノートに並べられスクラップされ、仲間同士のつながりを可視化する。プリクラ画像の不鮮明さは、プリクラ機に搭載されたカメラの解像度の低さによるものだが、それが反対にマンガのようなフラットな顔をつくりだし、均質なイメージとして好意的に受け入れられたのだ。目と鼻の穴と口だけになったプリクラ独自の相貌はコンプレックスを隠す理想的な顔として交換に値するものなのである。

1998年になると、デジタル画像処理機能を搭載したオムロン製『アートマジック』が登場する。色調調整やコントラスト調整を自動的に行い、「美肌」「美白」「つや髪」といった画像偽装ができるようになり、その後のプリクラの機能の主流となっていく。2007年には、光学的処理では不可能であった部分的拡大、つまり少女マンガやアニメの主人公のような「デカ目」にする機能を搭載したプリクラが登場する。自分の顔だと認識できないほどの「デカ目」をプリクラユーザーたちはそれを「カワイイ」と評価した。

ここでのカワイイ顔は、偶然に撮られるものでも、一回的に表れるものでもない。装置と操作によって複製された少女マンガのようなイメージは実際の自分より、キャラ的にカワイイのである。以降、装置によって自己イメージを偽装する「サギ写」の時代が到来する。人工的に「盛って」、キャラ的にカワイイくなること、美しくなることへの欲求は高まっていった。

留意すべきは、こうした顔の操作が、あくまでも二次元の視覚イメージとして生成させることを目的としていることだ。すなわち、その顔はカワイイや美人の画像的シミュラークルとしての顔なのである。

9　変身と演技的な振る舞い

自撮りとメイクが切り離せない関係にあるのは、『ざわちん Make Magic』（宝島社、2014年）を見れば納得できる。そこには、「あの人みたいに可愛くなりたい」を叶える第一歩が「ものまねメイク」だと宣言され、メイクによる画像的シミュレーションの方法が図解されているのだ。「誰かの顔に憧れる……実はそれは。可愛くなれるチャンスなんです！ざわちんのメイクテクは、憧れのあの人をお手本に、理想のふた重や目の大きさを忠実に再現するメイク法。顔だけじゃなく、〝可愛さ〟をも手にできるメイク法なのです」（ざわちん 2014）。

ここで面白いのは、「なりきる」のが顔だけに限定されていることだ。取り替え可能な人形の頭のように、首から上だけで「なりきる」のである。それは写真の中にしか存在しないイメージとしての顔だ。たとえば、韓国で最高にカワイイ女子を意味する「オルチャン」になるための手段として、ざわちんは「濃くてもケバく見せずに盛るのが重要」だと言い、アイメイクで不自然なくらい大きい目元にすべきだと指南している。さらには、リキッドアイライナーで長くタレ目に見えるようにアイラインを描き、ふた重テープでヨコに長いふた重を偽装し、カラコンを装着して黒目がちな目元をつくる。口を閉じてあごを細く見えるアングルにカメラを構え、愛嬌（エギヨ）たっぷりのポージングを忘れないように、と的確に加工方法を解説する。

ネット上には、「自撮りがうまくできない」という嘆きを見ることがある。だがそれは撮影技術の問題というよりむしろ、脳裏に予め用意された理想的イメージと自撮りによって創り出された画像イメージが齟齬を起こしているからであろう。ざわちんの魅力は、イメージの不適合が起きないように「なりたい顔＝理想の顔」を徹底的に記号化し、メイク＋マスクと自撮りによって実現する技術力と演技的な振る舞いにある。カワイイタレントを真似ることとカワイイ自分を夢想することは、ここでは同じ意味なのだ。

では、「なりたい顔」とは何だろうか？「なりたい顔」は誰かの顔、それは自分自身の顔ではないのかもしれない。言い換えれば、自分自身の顔の表面を消去して上書きした他者の顔が「なりたい顔」なのである。

「鏡の前の女性は、自分を消滅させなければ化粧できないし、化粧することによって、意味を欠いた存在の純粋な外見を獲得する。この《過度の》操作を、真実の通俗的なカムフラージュと混同してしまえるのは、どういう誤りによってであろうか。虚偽だけが真実を疎外できるが、化粧は虚偽ではない。それは（異性の役を演じる俳優のように）虚偽よりもはるかに虚偽であり、それによって一種の優越した無知・透明さ――それ自体の表面による吸収、血のあとも意味のあとも残さずにあらゆる表情を消滅させること――残酷さ・挑戦を見出す」（ボードリヤール 1985：125-126）とジャン・ボードリヤールはいう。

なるほど、メイクの本質は記号の戯れであり、記号の力によって自己を消滅させることなのだ。メイクを施すことで美しい目や唇を偽装する。もとの顔を廃棄し、表情を消滅させる。自撮りは、アングルとポージングとメイクの「魔法」で出現する「誰かの顔」を目指す。自撮りの表情は、自己のアイデンティティに宿る顔ではなく、誰かになりきるために完璧に記号化された顔なのである。

社会心理学者やジャーナリストらは、自撮りが自己愛的な行為であるとしばしば強調している。けれども、自己愛が自分を賛美すること、あるいは自己顕示欲が強く、自分の能力を過大に評価することだとすれば、そこにはいささか矛盾がある。確かに、自撮りは自己高揚の動機と無縁ではない。自分自身を肯定的に呈示し、また肯定的に見るという自尊心の肯定的な感覚を求める欲求は存在する。コミュニケーションを最重要と考える「承認不安」と「空虚な承認ゲーム」の今の時代では、自己開示することで承認を得る事は快楽なのだ。（山竹 2011）。

しかし、繰り返し強調するが、自撮りによって承認されるのは自分自身の顔ではなく、二次元に還元された「誰かの顔」であるということだ。自分自身の顔は、化粧やアプリなど諸々の操作によってすでに隠蔽されており、自撮りの顔とはいわば集合的記憶のなかの理想的と化した顔の模倣といえるだろう。

自撮りやメイクによって成立した「なりたい私」の顔は、私は私であるという自己同一性を不問にする。自撮りにおけるメイクとはすなわち「盛る」ことなのであり、本来の自分、素顔

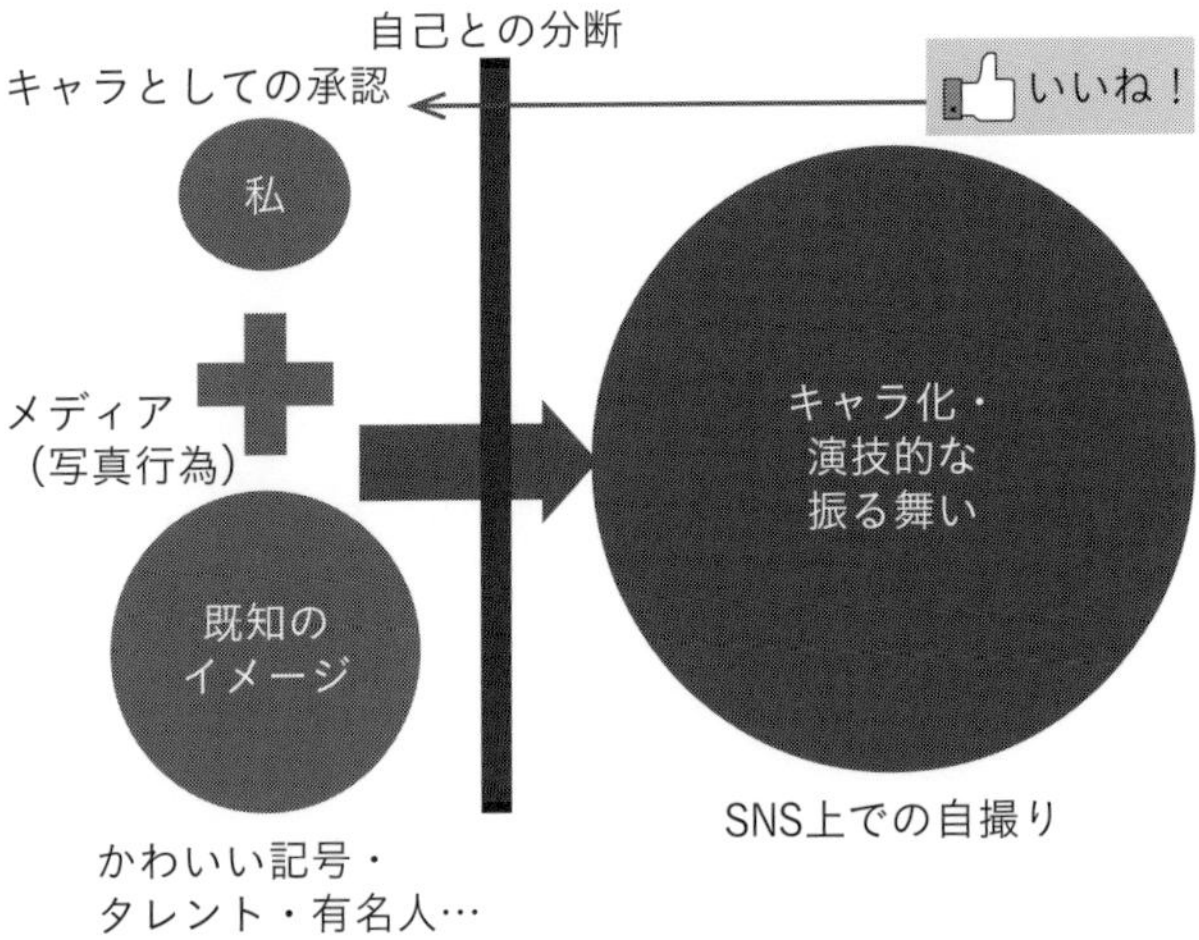

キャラ化したコミュニケーション
筆者作成

の上に塗色された「もうひとつの顔」なのである。

自撮りのポートレートとは、コスプレイヤーがアニメキャラへの変身を楽しむように、画像処理ソフトによる操作とメイクによってカワイイ女子、美人に変身する複製された身体イメージである。自撮りにおける「なりたい私」は記号的な疑似人格「キャラ」であれば良い。メールの顔文字のように、むしろ自己から切り離されたイメージであるからこそ、自己防衛が担保されるとともに自己開示欲求と承認欲求を満たすことができるのだ。それは「なりたい」というよりも、一時的に「変わりたい」という願望に支えられているものにちがいない。

一時的に「変わりたい」という願望は、

「なりたい」願望とは異なり、「変身の結果に対する願望ではなく、変身そのものへの願望」だと心理学者の宮原浩二郎はいう。宮原によれば、「なりたい」とは、現在の自分とは決別するノーリターンの願望であり、現在の自分に決定的に欠けているものを手に入れることであるが、変身することそのものが目的ではない。一方「変わりたい」という願望は、髪型や服装を変えてイメチェンするような身近な願望であり、「今とは別の自分、いろいろな自分を演出してみたい、その気分を楽しんでみたいという願望」なのである（宮原 1999：184-185）。

そう考えると、自撮りの目的は、何かになることではなく、一時的に変わることにある。いろいろな自分を創り出すこと、そのイメージ操作の行為が劣等感を払拭して、幸福感と快楽をもたらしてくれるのである。

第5章

対談

アフターコロナ時代の身体

米澤　泉・馬場伸彦

○コロナ時代の「顔」をめぐる問題

――2020年は、コロナから始まりコロナで終わるような、私たちの生活様式が、一変する一年だったと思います。その中で、今回の書籍テーマ、「顔」についても、マスクの着用などで、人びととの顔に対しての意識や捉え方も結構変わってきたのではないかと思います。

いま、顔をめぐる問題というのは、何が起こっているのでしょうか。

米澤　マスクが日常になり、実際に会うときは、基本マスク姿というのが、ニューノーマルになっています。そうなると、顔というものが常に上から半分しか実際には見えない。顔全体を見るのは、マスクを外すオンライン上とかですよね。そこではじめて、その人の顔全体を見るようになって。

いままでは、会ったときの印象を重視し、対面で人の顔というものを認識していたのですが、むしろ対面で会ったときは、その人がどんな顔なのかが、半分が覆われているのでよく分からないという状況になりました。その人の全体像は、オンライン上でしか分からないというような状況が起こってきています。

そうなってくると、いままでオンラインというのは、それほど重要視されず、対面に勝るものではないと考えられていたのですが、いまは、逆転現象が起こってきているのではないかと思っています。

馬場　マスクをすることで、顔のあらわれ方が、マスク、目、髪といったように、分断されましたね。これによって、顔から表情が奪われたり、あるいは限定されたりして、感情を知る手がかりが少なくなってしまった。その結果として、アイメイクに記号的な要素が強く押し出されてきたような気がします。

オンラインのディスプレイ上にあらわれる顔ですが、まだ慣れていないせいもあるかもしれませんが、ついつい無表情になってしまいがちですね。しかも自分の顔を見ながら誰かと話すといった経験が今まであまりなかったせいか、ディスプレイに映っている自分の顔が気になってしかたがない。それで、顔写りを少しでも良くしようとして、LED照明をあてたり、ウェブカメラの角度を変えたりして、「オンライン映え」する顔をつくるようになった。

無表情な顔は、感情を知る手がかりが少ないので、不気味さや不安を呼び起こします。オンラインの顔も同様で、表情がほとんど動かないから、実際に会ったときとはまるで違った印象を受けます。オンラインの無表情な顔は、顔を匿名化させる「仮面」のような役割があるのかもしれない。

米澤　すでに知っている人の場合は、マスクで見えない部分を補っているわけですよね。でも初対面の人の場合は、全貌が分からないまま、新しいコミュニケーションが始まってしまいます。たとえば新入生同士とかはそうですよね。その状態で新たに友達になったり。本当の顔を、マスクを取るまで、こんな顔とは知らなかったみたいなことが起こっているわけです。

馬場　はい。マスク顔は、もう別の人の顔って感じですね。そこで思い出したのですが、ちょっと前に、タレントのざわちんが、口元を手で隠していろんな芸能人に似せた顔のパフォーマンスを流行らせましたよね。あれって、実際の芸能人の写真を横に置いて細部を比較してみると、それほど似ていない。似ていないけれど、鼻から上の顔のパーツがメイクによって巧みにデフォルメされるから、見る者がイメージを補っていくんですよね。つまり頭の中にあるよく知られた芸能人のイメージに、両者が協力し合って、似せていってしまうわけです。

「メークされた顔は、言説、それも細部の言説として、構造化される」とミシェル・ギユーは言っています。化粧を施した顔は、記号的に解釈されるためにあるのでしょう。ざわちんは、そのことを強く印象づけましたね。だから、マスク顔においてアイメイクに力を入れるのは、それが「かわいさ」や「若さ」を伝達できる手段として有効だからだと思います。オンラインになれば、顔を作ることがいっそう重要になってきます。

○他者とのコミュニケーションとしての化粧

――アイメイクの話がありましたけれど、やっぱりマスクをするようになって、化粧の在り方というのも変わってきていますか。

米澤　化粧関連の雑誌などを見ても、2020年は基本的にアイメイク中心になった一年だったと思います。化粧品売り場でも、印象的なアイメイクの方法をいままで以上に提案するようになってきています。

――マスクに付くから、化粧をあまりしなくなったという方もいらっしゃるのではないでしょうか。

米澤　そうですね。ファンデーションを肌にしっかりと塗るような化粧はあまりしないし、口紅やチークの売上も激減しましたね。

馬場　アイメイクを施したマスク顔は、自己をより美しく見せるためというよりも、他者とのコミュニケーションに重点が置かれている顔ではないでしょうか。他者から見られたときに好印象を与えるための顔。会話を誘発するための顔。あるいは、そのことが意識された顔作りだと思います。人は見かけで判断してはいけないって言うけれど、その人に対する情報のほとんどは外見から得ていますから、どうしても化粧に力が入る。顔の見え方によって、その人の内面が判断されてしまうから、良い面も悪い面もある。

米澤　ただ、誰にも会わなくても化粧をする人も一方ではいるわけで、自己イメージが大事なんですよね。「自分がこういう顔」と思っている顔じゃないと落ち着かないとか、しないと気分が乗らないという理由で、お化粧をする人もいるでしょうし。コロナでかえって自分のために化粧する人が増えたらしいですよ。

馬場　なるほど、理想化された自己イメージに近づけるために化粧をするのですね。つまり化粧によって、自己を新たに創り出しているというわけですね。

ＳＮＳにアップされている自撮りなんかを見ていると、見事なまでにアプリで加工されていて、「かわいい顔」「美しい顔」がまるでスタンプのように並んでいますよね。数年前なら、「サギ写」とか言って批判されたのに、いまでは加工された顔に対して誰も否定的ではなくなった。というより、加工なしでアップするときは、わざわざ「無加工です」と告知しなければいけないような逆転現象さえ起きている。

そうした状況から考えると、やはり「素顔」に対する認識はそうとう変化したのではないでしょうか。化粧によって化粧をしていないようにみせることと同じように、加工して加工をしていないようにみせている。リアルな顔とＳＮＳの顔とが見事に使い分けられているから、何を「素顔」とするかは、表象される場の文脈に応じて決めれば良いわけです。コミュニケーションの側面からみれば、化粧を施した社会的な顔がその人の「本当の顔」であり、ネットワークのなかでは加工した顔がもう「ひとつの本当の顔」ということになります。

米澤　化粧の流行でいうと、いま皮膚に針で色素を注入するアートメイクが一般的になっていて、理想的な位置に、たとえば眉毛を整えて描いておいて、もう化粧をしなくてもいいような状態にしますすね。アイメイクもアイラインをうっすら入れておいて、唇も赤くして、普段からそういう状態ですという感じにするわけです。そうなってくると、どこまでが何もしない状態なのか「素顔」なのか、というのがますます難しくなっていくと思います。

学生がカラコンをするようになってから、化粧はしなくても恥ずかしくないけれども、カラコンを入れないと、裸で歩いているようで嫌だ、と言っていました。そっちの方がより身体と一体化した感じなんですね。お化粧はしなくても平気ですけど、カラコンは体の一部みたいな感覚になっているんです。

馬場　たしかにカラコンをするかしないかで瞳の印象がまったく違いますよね。目力が違うというか、表情に魅力が増す。だから「素顔」を変えてしまった方が、自分も満足できるし、他者の評価も高くなる。まさに一石二鳥。プリクラのデカ目はヴァーチャルでしかないけど、カラコンは、リアルな身体を簡単に「デカ目」に変えてしまうので、やめられないというのは理解できます。

米澤　自分も満足するし、周囲の人から高評価も得られる。仲間内でのコミュニケーション的な側面もそこにはありますよね。

学生が、劇的に変化するのじゃなくて、ナチュラルなカラコンを着けて就活をしていたら、瞳が生き生きしていますねと褒められたらしいです。おじさんをだますのは簡単なんだと思いましたけど（笑）。着けた方が好印象というか、生き生きして見えるらしいです。ナチュラルメイクみたいな感じですね。ナチュラルなカラコンの人気が高いのは、盛りすぎではなくて、より自然な加工が支持されるのと共通する感じなんでしょうね。

馬場　目は口ほどに物を言うといわれるように、なんといっても顔は非言語コミュニケーションにおける最大の情報源ですからね。就活のような現場では、「自分のための化粧」という考え方は、高い評価を得るという目的に合致しませんよね。規格化されたリクルートスーツや前髪をあげた髪型、控えめなメイクのように、カラコンは、もはや好印象、高評価を得るための基本的なアイテムになっているのだと思います。

○プチ整形はあたりまえ⁉

――カラコンとかマツエクよりも、プチ整形などの方が顔の土台に近いかなと思うのですが。

馬場　「メスを使わない美容整形」といわれるプチ整形にしても、いまやメイクやカラコンと同じ位相に並んでいるのじゃないかな。二重術埋没法によってくっきりした瞼に変更したり、ヒアルロン酸を注入して涙袋をプルンとしたりとか、値段とか施術行為は違うけれど、容易にできる顔の印象操作という目的からすれば、同じようなアイテムとして捉えていても不思議じゃない。

なぜなら、アプリによる加工が当たり前となった世代にとって「素顔」は、その人のアイデンティティやリアリティに強く結びつくものじゃないからです。イメージとして流通する顔ですから、もっと自由に変えてもいいと思っている。この点は、顔のなかにその人の人格があらわれると無条件に信じていた旧世代とはあきらかに違う感覚ですよね。

米澤　自分を加工するということにおいては、ヴァーチャルでもリアルでもそれほど差がなくなってきているのではないでしょうか。デジタルネイティブ世代ほどそうだと思います。

本文にも書きましたが、最近は、プチ整形という言い方ではなく美容医療というようになってきています。「医療」という言葉が付くと、肯定された感じになり、それはもう正しいこととして、抵抗感がますますなくなっていく感じがします。

若い人、学生とか20代の人たちは、同じ施術でも、小顔になるため、顔をきゅっと小顔にするために、超音波エネルギーを当てたりしています。いま流行しているのは、HIFUという、要するに、皮膚の深層部に超音波の熱エネルギーを照射して、皮膚組織のゆるみにはたらきかけるというものですが、本来は、たるみなど、アンチエイジング目的で照射するんです。ただ若い人は、それを当てると小顔になるからという理由で、学生の間でもはやっているようで、芸能人のインスタなんかの影響を受けていると思います。

そういう施術に関しては、全然抵抗なんかはないと思います。痛みやダウンタイムもほとんどないので、抵抗を感じるほどのことでもないですし。印象の変化もちょっと顔がしゅっとしたかなぐらいです。削るとかではないので。効くエステみたいな感覚というか。

馬場　確かに、医療技術の進歩によるダウンタイムの短縮は、整形の抵抗感を低くした要因の一つになったと思う。あっという間にぱっちり二重になって、休み明けには授業に出てくることができるわけだから、プチ整形による身体変容なんて、まるで服を着替えるようなファッション感覚かもしれません。もちろん、誰もがそうじゃないけれど、ピアスをたくさん開けるみたいな、それほど軽い感覚になってきた。

米澤　だから赤みや腫れなどが少なく、ダウンタイムがあまりないものが、前から人気だったんです。でもコロナでマスクをするようになって隠れるので、少しぐらいダウンタイムがあってもよくなりました。マスクのおかげで、美容医療をする人が増えたというふうに、美容医療の先生もおっしゃっていました。コロナの間に施術しておこうという人が増えたそうです。

ただ、美容医療を施術してしまうと、化粧品で、少しずつしみを薄くするというようなものの意味がなくなってしまいます。今までの地道な努力はなんだったんだろうという感じにはなりますよね。アメリカなんかは合理的で、もともとそういう発想なんでしょうけど。日本ってわりと化粧品に頼るみたいなところがありますし。

伝統的に時間をかけて毎日スキンケアを頑張ろうというような傾向がありますね。

○コロナ時代のアイドルの「顔」

――アイドルの顔の変化というのは、どのように変化していったのでしょうか。

馬場　ライブ活動を中心とする今日の地下（ライブ）アイドルの場合、歌謡番組がテレビ番組欄を賑わしていた昔とは違って、テレビの歌番組への出演自体がほとんどありません。だから、アイドルの顔って、たいていはスマホやパソコンの画面を通しての視覚イメージとして受容されるのが現状なんです。

また、そこに表象するイメージは、スマホなどのディスプレイのサイズに合わせて最適化する必要があるために、どうしても顔またはバストアップといったものが中心になります。限られたスペースに表象する、そうした相貌には、理想化されたアイドルらしさが強調されているわけです。つまりアイドルは、生身の身体というよりも、きわめて図像的なんです。そして、さらに画像の加工が行われることによって、結果的に、ものすごく似通ったイメージに仕上がってくるんです。

米澤　そこで理想化されるアイドルらしさもやはり幼さの強調なんですか。アイドルの重要な要素としては。目が大きくぱっちりでなければならない。前髪を下ろす、姫カットなども少女性につながりますし。

馬場　少女的であることはアイドルにおいて重要なポイントですよね。切りそろえた前髪、やや離れ気味の大きな瞳、実際の目の外側に引いたアイライン、透明感のある白い肌。髪型も姫カットであったり、高めの位置で結ばれたツインテールであったり。そこで、「かわいい」という概念の説明でよく言われるのが、コンラート・ローレンツという人が提唱した「ベビースキーマ」。これは、幼い動物が持つ身体的特徴に可愛さを感じるという傾向のことです。たとえば身体に比べて頭が大きかったり、顎が小さかったり、目が大きかったりして、大人の顔バランスとは異なる子ども顔の方が「かわいい」という感情が喚起されやすいというんです。だからマンガやアニメで描かれる顔はほとんどがベビースキーマになります。要するに、そうしたマンガやアニメの顔とＳＮＳに表象されるアイドルの顔には、共通点があるということです。

人形のように見える、いわゆる「ドール顔」も今日のアイドル顔の典型にあげられますね。ゴシック風の衣装やお姫様のような衣装を着て、目のまわりを巨大に拡張した「ドール顔」は、地下アイドルがよく利用しているツイッターやインスタグラムに溢れています。

彼女たちは、表情を際立たせる化粧ではなく、表情を覆い尽くして消去してしまうような化粧をしています。人形のように無表情が魅力となっている。それもまた「かわいい顔」の準拠枠になっています。

米澤　「かわいさ」も時代によって変化していますよね。昔はアイドルというと、少し野暮ったい洗練されていない「かわいさ」が強調されていて、男性ファンが主流でしたよね。女性ファンがそんなに会場を占めることもないし、メイクやファッションのお手本にするというのも現在ほどなかったと思うんです。でもいまは、アイドルもドール的であったり、ある種の洗練された「かわいさ」を追求しているようで、女性ファンが増えています。やはりそれって、グループアイドルが出てきてからかなとは思うんですが。

馬場　確かにそうかもしれません。彼女たちは、特定の誰かを模倣するというよりも、アイドルが創り出す「かわいい」イメージを消費して、自己を重ね合わせていますから、なおさらです。

実際、女子学生、女子校生に聞いてみると、「かわいい」女の子をスマホで集めているという人がたくさんいますね。それで、「かわいい女の子が好き」「趣味はかわいい女の子を見ること」とか、「かわいいは最強」という話になる。女子は男子アイドルを好きだとばかり思っていたので、最初は、少し奇妙な印象を受けました。

でも、「かわいい女の子」のイメージを集めるためには、「かわいい」の何らかの基準、規範があるわけです。頭のなかにある規範に照らし合わせながら、「かわいい女子」を発見していく。そうした選択は、生身の身体から切り離された画像（イメージ）＝モノだからこそ可能であり、それゆえ収集もできるというわけです。

米澤　男性ファンとは違って、自分の「かわいい」表象のための参考にするんでしょうね。

馬場　やっぱり、それもあると思いますね。たとえば、ファッション雑誌の『LARME』に登場するモデルやアイドルたちは、そうした規範を具体化した援用可能な「見本」のようなものです。だから、ライブ会場などで見かける女子ヲタは、どっちがアイドルだか区別がつかないような人もいたりします。さらに、「Jamie エーエヌケー」や「EVELYN」といったアパレルブランドは、イメージモデルにアイドルを積極的に起用していますから、ファッションが「衣装」のように扱われて、アイドルとの似通いに拍車がかかるのだと思います。

米澤　だから自分とはまったく関係なく、男性が女性アイドルのファンで画像を集めるのとは違って、女性はそこに自己をかなり投影しているのではないでしょうか。女性の場合は、このアイドルが好きと言うときは、自分の顔立ちに、どちらかといえば似ているという傾向がわりとあったりするから。女性はまったく自分と違うタイプというよりも、大きく分けると自分と同じタイプ、その人をアイドル風にブラッシュアップさせていったらこうなるのかもしれない、行き着く先はここなのかな？　みたいな人を集めていることが多いので。自分がインスタ上で見せたりするときの、何らかの参考という要素が入っていると思います。グループアイドルで何十人とかになると、自分の顔立ちに近い人も一人ぐらいいるんじゃないかなと。昔のアイドルは、自分とはかけはなれていてあまり参考にならなかったのかもしれません。

馬場　髪型からメイク、ファッションや装飾品などのすべてを参考にして「推し」に自分自身を寄せようとする。要するに、アイドルの「コスプレ」をしているような感覚なんです。すでに承認されているアイドルに、自らを重ねていく遊びかもしれない。そこには、同一化による安心と満足感が生まれているのではないでしょうか。

メディアを通じて開示されるアイドルのイメージは、リアルな身体というより「情報化された身体」の典型です。情報だから、メイクやファッションによって簡単に模倣することができるんです。しかも、アイドルも一般の女の子も、使っている加工アプリはだいたい同じものですから、ヴァーチャルであれば、かなり近づけることができます。

◯アイドルとファッション誌

米澤　一般にファッション誌のモデルさんというのは、そのファッション誌を読んでいる人にとっては、憧れの存在なんですが、読んでない人は、知らなかったりするわけです。でもいまは誰もが知っているアイドルがファッション誌の表紙を飾るようになりました。昔はやはり、ファッション誌とアイドルとはまったく結び付いてはいなかったんですね。いまは、そこの垣根がなくなったというか、それが大きいですよね。

そもそもアイドルというのは、別世界の住人で、アイドルは、あんまりおしゃれとか、ファッションと関係なかった。アイドルは、いかにも衣装みたいなのを着ていたので、普通のファッションとは連続性がなかったんです。センスも独特で参考にならないし。それがＡＫＢメンバーだったこじはる（小嶋陽菜）のように、ファッション担当みたいな人が出てきて。

馬場　ファッション雑誌を研究されている米澤さんからみて、それはどんな変化だと思われますか。

米澤　アイドルグループ側も、ファッションや化粧の雑誌でモデルとしていけそうなタイプもメンバーに入れてくるようになりました。女性誌担当みたいな感じで、ファッション誌で売り出すようになってきたんですよね。

で、最終的にはアイドルにファッション誌がのっとられているみたいな状態です。最近はモデルじゃなくて、アイドルが、ファッション誌の表紙を飾ることが増えました。『CJ』や『CanCam』もそうです。雑誌から梨花やエビちゃんみたいなスターが出ない。だから、ファッション誌が休刊になるんですけどね。もうファッション誌に用はなくなりましたということですね。

アイドルで事足りているから、ファッション誌として、わざわざやっていく必要はないというか。結果的にますますファッション誌の需要はなくなるわけですが……。いまファッション誌はすごく困っているので、アイドルに表紙を飾ってもらって、そのファンの人に買ってもらうことで、なんとか回していっている状態です。

馬場　でもファッション雑誌の購入者って、主に女性なんですよね。

米澤　基本はそうですが、アイドルが表紙を飾ることで男性も結構買っていると思いますよ。『an・an』なども、グループアイドルはもちろんジャニーズや、K－POPアイドルなんかも載ったりして、それで、ほとんどそれで買わせている感じですもんね、毎号。

馬場　流行やトレンドを知るのがファッション雑誌を購入する目的だと思ってましたが、随分受容のあり方が変わってきたんですね。

米澤　流行としてのファッションが好きというよりも、みんなコスプレが好きなんじゃないかという感じがします、どっちかというと。ファッションの世界とコスプレの世界も地続きになって、学生にも読まれている『LARME』のような雑誌はその中間にある感じですね。ファッション誌とコスプレ雑誌をミックスさせた雰囲気です。「コスプレの日常化」という例の一番わかりすい雑誌だと思いますよ。

馬場　なるほど、「かわいい」のコスプレを実践するためのファッションなんですね。その見本を見せてくれるのが雑誌なんだ。

米澤　変装はまた違いますよね。

馬場　コスプレは、キャラと自分を同化させる仮装ですから、この場合は変装とはちがいますよね。変装っていうのは、別人にみせるために相貌や服装を変えて、社会に紛れこんだりすることだけど、仮装は服装を変えて特定のキャラクターになりきることです。コスプレをする人の自己そのものは、「仮装」が創りだしたイメージの背後にすっぽりと隠れてしまうから、個人のアイデンティティーは揺らぐことはありません。

　要するに、自己から切り離された他者に見せるための外見プロデュースなんです。だから、その日の気分によってゴスロリで出かけてもいいし、アイドルヲタ風の「量産型」ファッションでもいい。病みかわいい「地雷型」ファッションなんてのも最近は流行っています。別の言い方をすれば、多様な視覚イメージを彼女たちは纏っているということになります。

米澤　SNSの浸透で流行や着こなしを紹介する日常のファッション誌というものが要らなくなって、少し非日常的なイメージを入れたコスプレ雑誌なら、雑誌として存続できるのでしょうね。今後、ファッション誌は独特の趣味の世界になっていくと思うんですよ。

馬場　外見の演出、仮装ですから、自己を喪失する不安がありません。だから現実のしがらみから解放されて、もう一人の自分を見せることができるのだと思います。それは、自分と戯れるためのファッションであり、他者となってイメージと戯れるファッションなんだと思います。

○なぜ顔の奥行きが不要になっていったのか？

——なぜ、顔の奥行きが不要となっていったのか、これまで奥行きが大切だと思われていた理由、身体観はどのように変化していったのでしょうか。

米澤　私たちはずいぶん簡単に自分の外見を変えられるようになりました。いままでその人の顔と人格というのは、しっかり結び付いていたのが、簡単に変えられるようになったことによって、確固とした私というものから逃れられるようになり、いい意味では解放されたみたいなところがあります。

たとえば、顔にはその人らしさだとか、いままでの人生が表れるとか。そういったことが以前ほど言われなくなったというのは、やはり外見を手軽に変えられるようになったことと、深く関係していると思うんですけれど。顔に奥行きがなくなったのは、いろんな技術を駆使できるようになったこと、テクノロジー的に発達したことを抜きには考えられないと思います。

馬場　反対に奥行きのある顔って何か？　と考えてみれば、その答えを導くためのヒントになるのではないでしょうか。たとえば優れた肖像画には、その人の内面が感じられるとよく言われますよね。肖像画は、機械的に描写される肖像写真とは違って、モデルのさまざまな表情を何度も描き重ねたうえに出来上がってきます。そうした肖像画の顔には、独特な奥行きが感覚されます。表面には背後にある魂や経験と呼応関係にある。ベンヤミンの言い方を借りれば、そこには遥かさや遠さによってもたらされる「アウラ」があるというんです。

米澤　肖像写真になって「アウラ」は消滅していくわけですよね。
　地位とか、家柄だとか、そういったバックグラウンドも含めての肖像画じゃないですか。だから単なる似顔絵とは違いますよね。似ている、似ていないというのもそれほど問題ではないでしょうし。

馬場　そうかもしれませんね。19世紀中頃には写真（ダゲレオタイプ）が誕生します。すると肖像画の代わりに肖像写真が盛んに撮られるようになります。しかし初期の写真は、長い露光時間を必要としたために、表情が硬直して、どうしても無表情なものが多くなってしまいます。つまり内面の感情と外見は一致せず、その関連性が希薄になってしまったんです。

肖像写真から奥行きが失われていくのは、第3章でも書きましたが、デジタル・イメージの普及が拍車をかけました。デジタル・イメージは、後からイメージを操作できるというその可塑性によって、写真が持っていたリアルの価値を下落させたのです。実際の顔に化粧をして変えるのではなく、後からイメージを都合良くつくりかえてしまうのです。それによって、オリジナルがあって複製があるというリニアな関係は、問うことが出来なくなりました。そうすると、被写体がレンズの前に存在したという「実在性」や「真正さ」さえも疑わしくなってきます。

アナログの肖像写真には、その人物が「かつて・どこか」で生きていたという痕跡が刻まれています。この「かつてあったという過去」に対する信頼が肖像写真の奥行きを支えていたのだと思います。

米澤　一定の年齢以上の人は、デジタル・イメージの普及以前の世界に馴染んでいるので、顔の奥行きとか、人格とか、そういうものを大事にするかもしれないですけど、デジタル・ネイティブな世代の人たちは、そちらが主流の中で最初から育ってきているので、素の自分の顔で自己表現とか、自己顕示したいというような意識も、そもそもあまりないいんじゃないかと思いますけれどもね。

それより、別人になりきって表現したいという思いが強いのではないでしょうか。たとえばいまはアイドルもそうですけれども、日本人だけど韓国人みたいな感じでプロデュースされて、デビューしたりしますよね。そういうのもあまり奥行き、バックグラウンドを気にしないからではないでしょうか。日本人としてどうこうとか、そういうのがないから。

馬場　自分の顔の本質を覆い隠して表面を自在に操作すること。それは、自己表現というよりも、視覚イメージを変えることで、効率よく他者とコミュニケーションをとるために有効な手段であると考えたからです。そうした顔のあり方は、ちょうどフォトショップのレイヤーみたいに、何重にも重ねられる皮膜のようなものだと思います。ですから、どのレイヤー面を前面に配置するかによって、キャラクターが自在に変えられる。そういう意味では、今日の化粧も、プチ整形も、アプリ加工、カラコンも、みんなレイヤーのようなものなってしまったんじゃないでしょうか。

米澤　選択肢はいっぱいあるということですよね。

馬場　先ほど米澤さんが言われたように、まさしく「解放」されることへの欲求が根底にあるからだと思いますね。地縁血縁から解放、周りの目からの解放、美醜コンプレックスからの解放……、重々しくのしかかっていた古い価値観から逃れたという気持ちはみんなどこかにあるのではないでしょうか。

米澤　あるんじゃないかと思いますね。自分の顔というのは、変えられない、脱げないという思いがしんどさにつながっていたわけですが、変えられる、脱げるということになれば、やはり古い価値観からの「解放」につながりますよね。

○加工しやすい日本顔

――奥行きがなくなっていったという傾向は、日本だから強いということはありますでしょうか。外国でも同じ現象が見られたりしますか。

米澤　プリクラの進化もそうですが、加工することに関して積極的であることと奥行きのなさは関係していると思いますね。化粧も、欧米では日本ほど熱心にやらなかったりしますね。

一般に欧米人は顔立ちも、はっきりと出来上がっているので、それを化粧とか加工で変えてどうこうっていう感じには、あんまりならないですよね。別人のように変化するメイクが評価されるのも日本ならではのようです。

日本人の顔はつくりやすい、わりと化粧でいかようにでもイメージを変えられるような顔立ちであるということが重要なんじゃないかと思います。素材として加工しやすい。てろんとした顔立ちの方が、歌舞伎もそうですけども、たとえば海老蔵（市川海老蔵）みたいな人だとはっきりした顔立ちだから、女形になれないわけじゃないですか。

でも、たとえば玉三郎（坂東玉三郎）みたいな顔だと女形に向いている顔立ちですよね。

馬場　てろんとしているというのは、さっぱりとした浮世絵みたいな顔立ちということですよね（笑）

米澤　はい。わりとあっさりしているから、きれいな姫や遊女にもなれるし、次々と変えていけるところがあって。やっぱり日本人は、どちらかというと、平面的な顔立ちだから化粧の技術も発達したし、女の子たちも、ざわちんみたいに、目の印象だけでいろんな顔を変えたりするとか、そういうことに熱心になるし、それが能力として評価される。

馬場　「奥行きをなくした顔」という問題を考える契機となったのは、写真家の澤田知子さんに登壇していただいた京都でのシンポジウムでしたよね。

米澤　そうですね、「写真と顔」というテーマでご自身の作品を中心にお話をしていただきました。

馬場　澤田さんは「ID400」という写真集でデビューしましたが、それ以降も徹底してセルフ・ポートレートにこだわって創作活動を続けています。衣装や髪型を変えて、写真館で撮るお見合い写真風シリーズ「OMIAI♡」、50人のキャバクラ嬢をイメージした写真集「MASQUERADE」、ガングロギャルやロリータに扮したシリーズ「cover」など、他の作品でも澤田さんは類型化したイメージをすべて一人で演じています。

「ID400」は、駅やスーパーに設置されている証明写真機を利用して、メイク、服装、髪型を変えて４００人分に扮した撮影を行っています。この作品が興味深いのは、写真を撮ったのは澤田さんではなくて、証明写真機だということです。そこでは撮影者の主観的な操作が限定されるため、彼女は完全な被写体として、定型化された写真のなかに収まることになります。

化粧や髪型、服装などの外見の情報を変えるだけで、人の評価は極端に変わってしまうのはなぜか。肖像写真に〝その人の内面が現れる〟と言われてきた言説に対して、澤田さんの作品は疑問を投げかけているのです。

そうしたセルフ・ポートレート作品を創り続けている澤田さんですが、本人の相貌がどうであるかと尋ねられると、すごく説明に困ってしまう。僕の語彙力が貧弱なせいもありますが、個性を際立たせる特徴があるようで、ないような。よく分からなくなる。何でも描ける絹の画布みたいな顔とでも言えば良いのかもしれない。

米澤　森村泰昌さんが、いろんな絵画上の人物などになりますけど、彼はわりと顔立ちがはっきりしているから、森村さんの場合、すべてが森村風の人物になり変わる。森村風のモナリザとかゴッホみたいな。でも、澤田さんはそういういうんじゃないですもんね。

馬場　はい。絵画上の人物を再現するというのは、絵画の歴史とかオリジナル作品の作者性を背負ったまさしく「奥行きのある顔」の再現なんです。一方の澤田さんは、誰でもない人に扮しています。誰でもない人だから、誰にでもなれるっていうように、化粧をしてカツラをかぶって軽々と変身してしまうわけです。そこが面白い。結局のところ、誰が誰であるのかなんて、見る者の解釈にゆだねるしかないんです。

米澤　だから一見同じなりきり系ですけど、まったく違うんですね。

馬場　澤田さんは自分の作品を「変装」だと言っています。変装だから、アイデンティティー自体は不可視化され、表面の記号の操作によって400人に変わったように見せかけることができる。澤田さんの作品は、外見によって受け取られるステレオタイプを意図的に利用したセルフ・ポートレイトです。

その意味において、森村さんのやっているセルフ・ポートレートはまったく別のアプローチだということになりますね。森村作品の場合は、絵画の歴史的背景や作家性を隠喩させながら、彼自身も前面に現れて、絵画をめぐる「物語」との接続を行っています。

米澤　森村さんの場合、絵画の中に森村さんが入っていって、解体しますよね。作品は、森村さんがいかに解釈したのか、読み解いたのかの表れですから、まさしく森村さんが語る奥行きをめぐる「物語」になっている。

○オンライン化による身体観の変化

――これから、いままで以上に、見た目重視の時代になっていくとのでしょうか。

米澤　そうなっていくと思います。すでに一部では中身って何、みたいな感じになっていますし。インスタの世界ってそうじゃないですか。「見た目は内面の一番の外見」なんて言いますが、剥いても剥いても中身（内面）が現れないかも。

馬場　SNSやオンラインに表象する身体は、情報空間に置かれた身体であるために、現実の生身の身体とは違って、そのイメージは自由に変えることができます。だから見た目の印象が意図的に利用される時代になるのではないでしょうか。しかもそれはすべてフレームの中において表象する身体です。オンライン授業では、パソコンの画面にバストアップの姿しか映らないから、上はTシャツ、下はパジャマのままで参加している学生もいた（笑）。また、プライバシーへの配慮からヴァーチャル背景を貼り付けて、実際の部屋の風景を隠してしまう学生も多かった。そうなってくると、彼らは、「どこでもない場所」にいるってことになるわけで、いろいろと興味深かったですね。

米澤　上半身の一部しか分からないと、その人のサイズ感というか、身長がどれくらいあるのか、大きい人なのか、それも分からないですものね。ヴァーチャル背景も、ハワイの海とか宇宙みたいに明らかにヴァーチャル仕様なものから、日常的なリビングまでいろいろ提示できるわけです。ちょっとアップグレードしたお部屋だとヴァーチャルなのかリアルなのかわからない。私はあえて、混乱させるような背景を選んでみたりします。

馬場　人も空間も、アナログ的に結び付いているんじゃなく、断片化された情報だからすべてが取り換え可能になっていく。ヴァーチャル背景があれば、次はヴァーチャル・キャラクターで授業を受ける学生が出てくるにちがいありません（笑）。

米澤　確かにそうですね（笑）。今までは断片化していても、それを統合したような私というものがないといけないとされていたんですけれど、もうそうではなくなっていくでしょうね。

馬場　まあそれでもいいか、みたいな感じですよね。すべてそうなるわけじゃないのだけど、そうした傾向は確実に強くなってきています。ヴァーチャル的に構成された人工的な視覚空間が併存する状況はもはや避けられません。

○権威の消失

米澤　かつてはファッションも、コム・デ・ギャルソンやヨウジヤマモトのように、デザイン性も含めた確固たるメッセージがあって、着る人もそれに憧れるみたいなところがあったのですが。いまはそういうのもあんまりないですし。環境に配慮しているか、アップサイクル*してるかなどは気にしますが、誰がどんなメッセージを発信しているかとか、それほど重要じゃないのかなあ。

馬場　だから、起源は希薄になり、権威とかはどんどん奪われていっていくことになるんだと思う。

米澤　そうですね。発信すること自体も、かつてだと、発信できるのは一部の人、ある程度権威に認められた人しか発信できませんでしたけど、いまはそうじゃないので。

服でもそうです。自分で勝手につくってネットで販売して、それで人気が出れば、もうデザイナーじゃないですか。むしろ。

＊不要な製品や廃棄物にデザインやアイデアといった新たな付加価値を持たせることで、別の新しい製品に生まれ変わらせること。

馬場　最近の傾向としては、デザイナー以上に影響力を持つ人がセレクトショップの店員。だってショップの店員が服を着てコーディネートを見せているじゃないですか。あれは、普通ならブランド自体がやることですよね。でも、ブランドが着こなし例を示すより、ショップ店員がコーディネートを見せた方が説得力もあって支持されている。もはや販売だけじゃなく、モデル兼スタイリストのような役割を果たしていますね。消費者の関心は、お手本として着こなされた情報であって、服の起源であるデザイナーに関する関心はどんどん切り離されていく。

米澤　デザイナー発信よりは、そういう人の方がいいわけですよね。より身近に感じられる人の情報を信じますよね。

馬場　食べログの口コミのコメントを信じるように。無批判的に受容して、表面的に模倣する時代ですから。

米澤　何でもそうですよね。音楽とか小説でもそうですよね。

馬場　メディアの発達は、情報のインフレーションを常態化させると同時に、経験の貧困化も進行させます。選択肢が多すぎて、何を選んだらよいのか分からないので、ランキングを調べたり、誰かが適当に書いたコメントを鵜呑みにしたりすることによって、安心したくなる。情報は、物語や神話とは違って、すぐに答えを提示してくれますから、能動的に行動したり、じっくりと考えたりする必要がなくなります。Google先生に聞けば何でも分かるし、分かった気になりますから。

○「本物」とは何か。

——リアルよりもヴァーチャルの方に重点が置かれていく時代になるのでしょうか。

馬場　おそらく、どちらか一方に比重が置かれるわけではないと思いますね。

インターネットのメディア的特性であるテレプレゼンス（遠隔臨場感）によって、私たちの身体は、リアルとヴァーチャルという二つの空間に、同時に存在することが可能となりました。身体の二重化を私たちはすでに引き受けているんです。そして、ヴァーチャルな身体はどのようにも変容できますから、リアルな身体との対照関係を結ばなくてもいい。今後はこういった環境のなかで生きていくことになるのではないでしょうか。

ピエール・レヴィは、『ヴァーチャルとは何か？——デジタル時代におけるリアリティー——』という本のなかで「ヴァーチャルなものは、リアルなものではなくアクチュアルなものに対置される」と述べています。リアルなものは「これを手にしている」という秩序に属すものですが、ヴァーチャルなものは「それを持つであろう」という秩序に属していると指摘しています。

情報空間でのコミュニケーションを前提にすれば、アバターも良好なコミュニケーション関係を築くための選択肢の一つです。身体の二重化というよりも、リアルな身体とは別のもう一つの身体を私たち持つことになります。

そうした問題はアプリの加工による「盛り」も同じですことですね。「かわいい」と共有された顔でやり取りした方が双方にとって効率が良いために、情報空間における身体の二重化はどんどん進行していくというわけです。

米澤　ヴァーチャルとリアルを対比させること自体、意味がなくなってきていますよね。お互いが一日中ずっとSNSとZoom画面を見ているのであれば、特にそうなっていくのではないでしょうか。会うということがデジタル化された今、リアル＝フィジカルではない。アバター的なものも含めてまるごとリアルな「私」になっていくのではないかと思っています。

○「奥行きをなくした顔の時代」の今後

——私たちの顔の捉え方とか、顔の奥行きというのが今後どのようになっていくのでしょうか。

米澤　顔はその人の人格を表わすというところからは一応解放されたんですけれども、その結果、解放されて本当に楽になったのかどうかっていう問題が出てきますよね。

馬場 そうですね。結局、解放されると、オリジンであった素顔そのものも無意味になってくるわけですよ。美人であることとか、かわいいとか、ある意味で、それを目指して頑張るような上昇志向の概念じゃないですか。そのためには、美顔や服装を整えたり、教養や経験を積み上げたりして努力してきた。でも、情報化された身体が優先され、変容や加工が当たり前になると、より美人に、よりかわいくといった上昇志向的な概念そのものが不必要になってきます。行き過ぎた見た目至上主義を批判するという意味では、それは案外良いことなのかもしれません。

米澤 いま美の多様性ということがさかんにいわれています。一つの決まった規範にみんなが合わせていくというのじゃなくて、自分のよさとか、自分の個性を重視しましょうということに、流れとしてはなっているんですけれどもね。

じゃあ、ありのままで、それでいいんじゃないかということになりますけれども。そうは全然なっていないという現実があります。

馬場 なぜ、そうならないのでしょう。

米澤 「ありのままで輝く」とは言いながらも、結果的にはまったくありのままではない人が評価されたりします。田中みな実の人気なんか、まさにそうでしょう。美の多様性とありのままを称揚する一方で、現実的には、わりと一元的な価値観に基づいた美容資本がいまだに有効に働いているからではないでしょうか。きれい、外見的に美しいということが正義みたいな感じですね。

最近ルッキズムに対する世間の関心が高まっていて、ミスコンなどもやめようという動きになったりするのは、行きすぎた見た目至上主義に対しての疲れであったり、反動であったり、そういうのもあると思いますね。

解放されて楽になったはずなのに、また違うしんどさを抱えてしまうのはそのあたりにも原因があるのではないかと思います。

馬場　一般的に美人への強いこだわりには、「劣等意識」が根底にあると言われていますよね。この「劣等意識」は優位と見做す比較対象があってはじめて意識されるものだと思われます。女優やモデルなど、すでに多くの人に称賛された人は、絶対的な美の権威ですが、でも、この権威を支えているのは、それが無加工な身体、整形していない身体であることが前提条件となっています。

けれども情報空間においては、多くの人が容姿を変容できる手段を手に入れました。美しさは、誰でも、いつでも所有できるイメージになったわけです。加工美人を承認するこうした状況が、見た目至上主義に変化を与えるのかもしれません。だから、リアル空間でのミスコンも整形していてもエントリーできる、仮面をつけてもオッケーにすればいい。そうなれば、もう優劣を決めること自体がばかばかしくなってきます。「天然美人」ではなく、「文化的美人」を選ぶコンテストに主旨を変えてしまえば、見た目至上主義から少しは解放されるんじゃないかな（笑）。

米澤 「文化的美人コンテスト」いいですね（笑）。実際、昨今のコンテストは「見た目」の占める割合が低くなり、スピーチ力やSDGs活動への貢献をアピールしたり、意識の高さを競っているのですでにそうなっているのかもしれません。

いずれにせよ、顔や身体に関して「天然」とか「本物」にとらわれすぎないことが求められるんじゃないでしょうか。アバター的身体にもそれなりの人格、「キャラ」は宿るわけですし、それで充分だという気がします。オンライン時代を生きる私たちにとっては。

今後は、相手や場所に応じて、複数の自分である「キャラ」を提示することがいっそう当たり前になり、「本当の自分」という問題設定そのものが成立しなくなっていくのではないでしょうか。

おわりに ——奥行きをなくした顔の時代——

この文章を三度目の緊急事態宣言が延長されたなかで書いている。対面で行われるはずだった授業や会議や研究会もすべてオンラインに逆戻りした。大学にもしばらく足を運んでいない。今日も一日がオンライン画面上で終わってしまった。

デジタル化された「顔」を介して人とコミュニケーションすることがすっかり当たり前になった。一方で、私たちは対面で出会うマスクに覆われた「顔」にもはや違和感を覚えなくなりつつある。いや、もう逆にマスクも顔の一部として認識し始めていると言ってもいいぐらいだ。付け忘れて外出することに恥ずかしさと罪悪感を抱くようになってしまったのだから。

マスク顔で知り合った恋人に、マスクを外した顔を見せるのが不安だという学生の話を聞いた。お互い「マスク顔」に恋をしたのだから、マスクのない顔を好きになってもらえるか、好きになれるかどうかわからないというわけだ。

また別の学生は、コロナ禍が終息しても、マスクはずっと付けていたいと言う。その方が落ち着くし、人と対面でコミュニケーションする時に安心感があるのだと。

「新しい顔様式」も一年以上続ければ「日常」になる。もう、私たちはもとの世界に戻ることはないかもしれない。デジタル化された「顔」と下半分が隠れた「マスク顔」――「奥行きをなくした顔」でもそれなりにコミュニケーションできることを知ってしまった今となっては。「奥行きをなくした顔」の何が不足なのか。何が不満なのか。私たちは「奥行き」に何を求めているのか。むしろデジタル・ネイティブな若い世代にとっては、「奥行きをなくした顔」の方が生きやすいのかもしれないのに。

10代、20代の人気アーティストがなるべく顔を出さずに歌を歌うようになって久しい。ボーカロイドが席巻する現在、自分の好きなアーティストがどんな「顔」をしているのかもそれほど重要な問題ではなくなっているのだろう。音楽の世界だけでなく、現実の顔や見た目に重きをおかないコミュニケーションが次々と立ち上がっている。マークジェイコブスもヴァレンティノも「あつ森」（あつまれどうぶつの森）の世界で着られれば十分だ。

２０２１年に入り、クラブハウスやツイッタースペースなど、音声を使ってリアルタイムでコミュニケートするＳＮＳが次々と登場した。なぜ今になって、音声に人びとが惹かれるのだろうか。あまりにも顔がすべての世の中に疲れ切ったせいなのだろうか。ディスプレイ上の「奥行きをなくした顔」と交流するぐらいなら、別に「顔」はなくてもよいと思われたせいだろうか。招待制音声ＳＮＳのクラブハウスは1月に国内向けのサービスが導入されるや否や旋風を巻き起こした。あえて視覚を排除し、音声に特化してコミュニケーションすることが、視覚偏重社会にどっぷりと使っていた私たちに「新しさ」を感じさせたのかもしれない。

きっと私たちは「『顔』が特権的に強い意味を持つ時代の終わりに立っている」(奥野・近藤・辻編 2021 : 302) のだろう。だからこそ「奥行きをなくした顔」がこれほど巷間に溢れているのだろう。今後、私たちの「顔」はどうなっていくのだろうか。これからの私たちは今までの「顔」が果たしていた役割を他の何かで代替することになるのだろうか。

クラブハウスがあっけなく失速してしまったことを考えると、まだまだ「奥行きをなくした顔」が必要とされているのかもしれない。

本書は2017年6月に京都大学人文科学研究所で行われた「人文研アカデミー2017」の「奥行きをなくした顔の時代――コスメ、女子写真、SNS――」というトークセッションが、出発点になっている。セッションでは、「コスメの国の私遊び」(米澤)「イメージ化する身体――顔のマニピュレーション――」(馬場) に加えて、写真家の澤田知子さんにも「顔と写真」というテーマで話してもらった。

当時は、インスタグラムが大流行しており、インスタ映えのために危険な場所で自撮りをして命を落とす人まで現れるほどの、まさに「インスタ狂想曲」とも言える状況だった。

「盛り顔」「変顔」「動物顔」なぜそこまでして顔を着替えるのか。インスタグラムとはいったい何なのか、自撮りやSNSに思いを巡らせることから本書はスタートした。化粧、メディア、写真、アートそれぞれの立場からの分析を通して、「奥行き」をなくしていく顔について本格的に考え始めたのだった。

それから、4年の時を経て、コロナ禍という決定的な出来事に対峙しながら、私たちは論考を深め、ようやく視覚文化論としてある程度まとまったかたちにたどり着くことができた。

生身の「顔」と対面せず、ディスプレイ越しにデジタルの顔貌と「コミュニケートする」という状況が普及したことで、あるいはマスクに覆われた「顔」とのみ対面することが一般化したことで、「奥行きをなくした顔」は全景化し、「奥行きをなくした顔の時代」というタイトルがより実感を伴ったものになったのではないかと思う。第5章の対談でも取り上げた「アフターコロナの身体」については今後もっと語られるべきだろう。


「人文研アカデミー」の企画にお声掛けくださった小柏裕俊さんには、心より御礼申し上げます。また、トークセッションの場で、作品とともに刺激的なインスピレーションを与えてくださった澤田知子さんにも多大な感謝を申し上げます。

2010年の女子学研究会の創設時から、アプローチは違えども、常に問題意識を共有してきた馬場伸彦先生とこのような形でご一緒させていただくことができ、大変嬉しく思います。また、常に研究発表の場を作ってくださった女子学研究会の池田太臣先生、信時哲郎先生をはじめ研究会の皆さんにも心より感謝申し上げます。

最後になりましたが、辛抱強く、伴走してくださった晃洋書房の坂野美鈴さんにも御礼を言わせてください。ありがとうございました。

２０２１年６月

米澤　泉

米澤 泉，2008,『コスメの時代――「私遊び」の現代文化論――』勁草書房.
―――，2019,『筋肉女子――なぜ私たちは筋トレに魅せられるのか――』秀和システム.
レヴィ，ピエール，2006，米山 優 訳『ヴァーチャルとは何か？――デジタル時代におけるリアリティ――』昭和堂.
鷲田清一，1998,『顔の現象学』講談社（講談社学術文庫）.

アルケオロジー』青弓社.
林真理子，1999,『美女入門』マガジンハウス.
ベンヤミン，ウォルター，1998，久保哲司 訳『図説　写真小史』筑摩書房，ちくま学芸文庫.
ボードリヤール，ジャン，1984，竹原あき子 訳『シミュラークルとシミュレーション』法政大学出版局.
———，1992，今村仁司，塚原 史 訳『象徴交換と死』筑摩書房（ちくま学芸文庫).
———，1985，宇波 彰 訳『誘惑の戦略』法政大学出版局.
———，1997，梅宮典子 訳『消滅の技法』パルコ出版.
———，2003，塚原 史 訳『パスワード─彼自身によるボードリヤール─』NTT 出版.
———，2009，塚原 史 訳『なぜ，すべてが消滅しなかったのか』筑摩書房.
マノヴィッチ，レフ，2018，久保田晃弘，きりとりめでる 共訳・編著『インスタグラムと現代視覚文化論──レフ・マノヴィッチのカルチュラル・アナリティクスをめぐって──』ビー・エヌ・エヌ新社.
三浦雅士，1984,「顔・表情・写真」『写真装置＃９特集　肖像』写真装置舎.
———，1999,『考える身体』NTT 出版.
ミッチェル，ウィリアム，1994，福岡洋一 訳『リコンフィギュアード・アイ─デジタル画像による視覚文化の変容─』アスキー出版局.
宮原浩二郎，1999,『変身願望』筑摩書房（ちくま新書).
村澤博人，2007,『顔の文化誌』講談社（講談社学術文庫).
守口 剛・中川宏道，2009,「カワイイはつくれる──花王エッセンシャルのブランド再活性化──」『マーケティングジャーナル』Vol.28，No. 3，日本マーケティング協会.
谷内田浩正，1991,「この顔を見よ──顔のカタログ化と退化のリプレゼンテーション──」『現代思想』19（7），青土社.
矢内原伊作，1986,『矢内原伊作の本（1）　顔について』みすず書房.
山内宏泰，2008,『彼女たち──Female Photographers Now──』ぺりかん社.
山縣良和・坂部三樹郎，2013,『ファッションは魔法』朝日出版社.
山竹伸二，2011,『「認められたい」の正体──承認不安の時代──』講談社（講談社現代新書).

斎藤 環, 2012,「溶岩とバービー人形」『ユリイカ』7月号, 青土社.
斎藤美奈子, 2003,『モダンガール論』文藝春秋.
櫻井孝昌, 2009,『世界カワイイ革命』PHP 研究所（PHP 新書）.
佐山半七丸, 1982,『都風俗化粧伝』東洋文庫.
ざわちん, 2014,『ざわちん Make Magic』宝島社.
清水 穣, 2020,『デジタル写真論』東京大学出版会.
スタフォード, バーバラ・M, 2004, 高山 宏 訳『グッド・ルッキング――イメージング新世紀へ――』産業図書.
ソンタグ, スーザン, 1979, 近藤耕人 訳『写真論』晶文社.
多木浩二, 2007,『肖像写真――時代のまなざし――』岩波書店（岩波新書）.
田中俊之, 2015,『男がつらいよ――絶望の時代の希望の男性学――』KADOKAWA.
谷川直子, 2016,「あらゆるアイテムが出尽くした至福の時代」斎藤美奈子・成田龍一 編『1980 年代』河出書房新社（河出ブックス）.
谷本奈穂, 2008,『美容整形と化粧の社会学』新曜社.
ティスロン, セルジュ, 2001, 青山 勝 訳『明るい部屋の謎―写真と無意識―』人文書院.
ORANGE PAGE MOOK, 2016,『「暮らし」を撮る大人のインスタグラム』オレンジページ.
デーブリーン, アルフレッド, 1998,「顔, 映像それらの真実について」〔アウグスト・ザンダー『時代の顔』への序文〕, ヴァルター・ベンヤミン（久保哲司訳）『図説　写真小史』筑摩書房, ちくま学芸文庫).
寺山修司, 1992,『青女論――さかさま恋愛講座――』KADOKAWA（角川文庫).
中村うさぎ, 2003,『美人になりたい――うさぎ的整形日記――』小学館.
ナックス編, 2014,『GIRL'S PHOTO　いいね！と言われるスマホ写真テク』フリユー.
ハキム, キャサリン, 2012, 田口美和 訳『エロティックキャピタル』共同通信社.
バージャー, ジョン, 2013, 伊藤俊治 訳『イメージ――視覚とメディア――』筑摩書房（ちくま学芸文庫).
パーソンズ, タルコット, 2011, 武田良三 訳『新装版　社会構造とパーソナリティ』新泉社.
バッチェン, ジェフリー, 2010, 前川 修, 佐藤守弘, 岩城覚久 訳『写真の

参考文献

アーウィン，ウィリアム，2003，松浦俊輔，小野木明恵 訳『マトリックスの哲学』白夜書房.

AkineCoco，2021，『AkineCoco 写真集　アニメのワンシーンのように』芸術新聞社.

アクロス編集室編，1995，『ストリートファッション 1945―1995』パルコ出版.

安野モヨコ，2001，『美人画報ハイパー』講談社.

アンジェ，ロズウェル，2013，『まなざしのエクササイズ』フィルムアート社.

井坂洋子，1988，『井坂洋子詩集』，思潮社.

石川真弓，2014，『HDR 写真　魔法のかけ方レシピ――撮ったあと生まれ変わる，写真のあたらしい楽しみ方――』技術出版社.

上野千鶴子，1992，『増補〈私〉探しゲーム』筑摩書房（ちくま学芸文庫）.

大澤 聡，2020，「プライベートが溶ける『リモート時代』のメディア論」『Voice』9月号，PHP 研究所.

大森荘蔵，1981，『流れとよどみ』産業図書.

大山 顕，2020，『新写真論――スマホと顔――』ゲンロン.

岡崎京子，2003，『ヘルタースケルター』祥伝社.

おかもとまり，2013，『カンタン☆変身！　魔法の自撮り術』青山出版.

奥野克巳・近藤祉秋・辻陽介編，2021，『コロナ禍をどう読むか――16 の知性による 8 つの対話――』亜紀書房.

小倉千加子・中村うさぎ，2006，『幸福論』岩波書店.

小倉千加子，2003，『結婚の条件』朝日新聞出版.

叶恭子，2008，『fabulous beauty “kyoko kano”』講談社.

川添裕子，2013，『美容整形と〈普通のわたし〉』青弓社.

久保友香，2019，『「盛り」の誕生――女の子とテクノロジーが生んだ日本の美意識――』太田出版.

講談社 VOCE 編集部，2007，『紀香バディ』講談社.

古賀令子，2002，『かわいいの帝国』青土社.

小林 盾，2020，『美容資本――なぜ人は見た目に投資するのか―』勁草書房.

斎藤 薫，2002，『「美人」へのレッスン』講談社（講談社＋α文庫）.

著者紹介

米澤　泉（よねざわ　いずみ）［第1章，第2章，第5章，おわりに］

1970年生まれ．
大阪大学大学院言語文化研究科博士後期課程単位取得満期退学．
現在，甲南女子大学人間科学部教授．

主要業績
『コスメの時代――「私遊び」の現代文化論――』勁草書房，2008年．
『私に萌える女たち』講談社，2010年．
『「女子」の誕生』勁草書房，2014年．
『おしゃれ嫌い――私たちがユニクロを選ぶ本当の理由――』幻冬舎，2019年．

馬場伸彦（ばば　のぶひこ）［はじめに，第3章，第4章，第5章］

1958年生まれ．
名古屋大学大学院博士後期課程単位取得退学．
現在，甲南女子大学文学部教授．

主要業績
『周縁のモダニズム――モダン都市名古屋のコラージュ――』人間社，1997年．
『ロボットの文化誌――機械をめぐる想像力――』（編著），森話社，2004年．
『イメージとしての戦後』（共著），青弓社，2010年．
『「女子」の時代！』（共編著），青弓社，2012年．

奥行きをなくした顔の時代
――イメージ化する身体、コスメ・自撮り・SNS――

2021年9月30日　初版第1刷発行

著　者　米澤　泉
　　　　馬場伸彦 ©

発行者　萩原淳平
印刷者　藤森英夫

発行所　株式会社　晃洋書房
京都市右京区西院北矢掛町7番地
電話　075(312)0788㈹
振替口座　01040-6-32280

印刷・製本　亜細亜印刷㈱
装幀　HON DESIGN（岩崎玲奈）
ISBN978-4-7710-3522-5